SOCIETÁRIO E MERCADO DE CAPITAIS

Publicado por Giz Editorial e Livraria Ltda - EPP
R. 24 de Maio, 77 - 10° andar - Sala 1001
Centro - São Paulo - SP - 01041-001
Tel: (11) 3333-3059 - Fax: (11) 3331-5764
E-mail: giz@gizeditorial.com.br
Site: www.gizeditorial.com.br

Kleber M. Kuwabara

SOCIETÁRIO E MERCADO DE CAPITAIS

Briefing de Operações

2ª EDIÇÃO REVISTA E AMPLIADA

GIZ EDITORIAL

São Paulo, 2008

Título Original em Português: Societário e o mercado de capitais: briefing de operações.

Coordenação editorial: Ednei Procópio
Comercial: Simone Mateus
Revisão: Sandra Garcia Cortés
Impressão: Vida e Consciência Gráfica e Editora Ltda.

Publicado em 2006
Reimpressão 2007
2ª edição, 2008

Dados Internacionais de Catalogação na Publicação (CIP)
(Câmara Brasileira do Livro, SP, Brasil)

Kuwabara, Kleber M.
Societário e mercado de capitais : briefing de operações / Kleber M. Kuwabara. -- 2. ed. rev. e ampl. -- São Paulo : Giz Editorial, 2008. -- (Coleção societário e mercado de capitais)

ISBN: 978-85-99822-90-6

1. Mercado de capitais - Brasil 2. Societários - Brasil I. Título. II. Série.

08-01688 CDD-332.60981

Índice para Catálogo Sistemático
1. Brasil : Societário e o mercado de capitais : Economia 332.60981

Impresso no Brasil / Printed in Brazil

Sumário

PARTE I 9

1. Minoritários e seu peso da Companhia 11
2. Papel do Laudo de Avaliação 18
3. O Desafio da Governança Corporativa 28
4. A vez dos Minoritários 36
5. Complexos Societários, sociedades de propósito específico e fraudes financeiras 40
6. Minoritários e os Dividendos 45
7. Conselho de Administração: voto múltiplo e minorias 47
8. Acordo de Acionistas: Gerenciando Interesses Complexos em Corporações 51
9. *Insider Trading* e a Instrução CVM 358 55
10. Direito de Preferência de Subscrição de Ações 63
11. As Sociedades Limitadas no Novo Código Civil 68
12. Dez Motivos que fazem as Ações subirem ... 76
13. Dez motivos que fazem as ações caírem 79
14. O Novo Mercado e os Controladores e Administradores 82

15. Derivativos e Opções: Turbinando seus lucros ou multiplicando prejuízos 84
16. Aumento de Capital com Incorporação de Empresas 87
17. Securitização: Novas garantias de empréstimos 89
18. Securitização de Recebíveis Imobiliários: Aspectos Básicos 92
19. Brazilian Depositary Receipt (BDR) 96
20. Abertura de Capital – Initial Public Offering – IPO 99
21. Reorganização societária 102

PARTE II 105

1. Fechamento deCapital Reprovado 107
2. Debênture Padronizada: Instrução CVM 404 121
3. O aumento de capital como defesa 126
4. Project Finance: Demandas do Mercado ... 129
5. Reestruturação de Empresas 131
6. Repensando as Fusões 134
7. *Market Maker* – Formador de Mercado gerando liquidez a valores mobiliários 137
8. Stock Options como modelo de acesso ao Capital Social 139
9. Underwriting como foco do Investment Banking 142
10. Leveraged Buyout: Aquisições alavancadas 144
11. Distribuição via Garantia Firme ou Melhores Esforços 146
12. A Recompra das Ações de própria emissão da Companhia 149
13. Fechamento Branco de Capital 151

PARTE III 153

1. Fundo de Credores: Direitos Creditórios em .. Concurso de Credores 155
2. Lei de Falências na pauta de discussão 160
3. Chapter 11 166
4. Disposições sobre Corretoras que trabalham com *Home-Broker* 168
5. Descruzamento de Participações 171
6. *Joint Ventures*, Consórcios e Sociedades de Propósito Específico – SPE 177
7. O *Green Shoe* e as Práticas de Estabilização 183
8. O *Tag Along*, o *Drag Along* e o Prêmio: Compra e venda de controle 188
9. Pequenas Companhias Abertas e a alternativa de Debêntures Conversíveis 191
10. Debênture Conversível como contrato de Opção 194
11. *Gramm-Leach-Billey-Act* de 12 de Novembro de 1999 197
12. Empréstimo-ponte para ser financiado via debêntures ou ações 200
13. Sarbanes-Oxley Act of 2002 202
14. Desafios da Lei Sarbanes-Oxley 2002 (SOX) 206
15. *Sarbanes Oxley Act* 2002 - Advogados 209
16. *Sarbanes-Oxley* 2002 e seus desafios 212
17. Shelf Registration, Programa de Distribuição de Valores Mobiliários: Registro antecipado 216

TEXTOS PUBLICADOS NA GAZETA MERCANTIL 227

1. 10 erros comuns ao se investir via Home-Broker 229
2. A cadeia produtiva dos IPOs e seus beneficiados 233
3. A Escolha da Corretora para operar via Home-Broker 236
4. O day-trade vale a pena? 240
5. O Investidor e a Responsabilidade sócio-ambiental 243
6. Mérito da CVM também 246
7. Desvendando o Prospecto 249
8. Novo Mercado à toda prova 252
9. Seleção Natural no Novo Mercado 255
10. Junk Bonds 258
11. Insider Trading, informações privilegiadas 261
12. Debêntures Conversíveis 264

Glossário 267

Entre em contato com o autor

kleber@societario.com.br

PARTE I

1

Minoritários e seu peso da Companhia

DENTRE AS NOVIDADES TRAZIDAS pela Reforma da Lei das S.A., 10.303/01, está a eleição de Conselheiros na empresa. Nitidamente para trazer os minoritários no bojo das discussões sobre os destinos da companhia. Vale lembrar que o Conselho de Administração é órgão máximo de deliberações dentro da empresa, formado por representantes dos acionistas, em especial dos controladores.

Ainda que possam ter papel apenas participativo, sem definitivo peso nas decisões, a presença de representante dos minoritários consiste em grande avanço. Inclusive vai de encontro aos ditames da Governança Corporativa, que preza pela administração transparente e mais democrática possível, dentro de seus propósitos. É grande essa conquista que os minoritários conseguiram junto ao Congresso, que aprovou a nova Lei, que vai abrir espaços antes inexistentes. Ainda mais por ser o Conselho de Administração palco das grandes decisões, e por esta razão, tendo suas vagas altamente disputadas.

Traz essa novidade ao órgão máximo executivo da empresa.

O Conselho de Administração, por estar acima da Diretoria, e por ter maiores poderes de decisão, possui sempre dentre seus membros executivos de muita vivência e experiência. Tal a importância, que os investidores, *holdings* e fundos *private equity* procuram selecionar executivos bastante reconhecidos no mercado para ocupar a vaga e representá-los. Por um lado, por ser uma indicação de grupos de menor força empresarial, pode significar novo alento, e novas idéias para enriquecer as decisões.

Em específico quanto ao peso dos minoritários, destaca-se o mecanismo do voto múltiplo, que tenta reforçar sua posição. O voto múltiplo é nítida manifestação de uma preocupação em abrir um espaço para que os minoritários participem das decisões. Ainda que muitas vezes de efeito restrito, podem ser decisivos e fazer diferença em outros casos. Somado à possibilidade de eleger um conselheiro, como agora determinado pela Lei, os minoritários certamente terão seu peso reforçado dentro da empresa.

Considerações sobre as Ações Preferenciais

Cabe destacar que muito embora a Lei consagre um conselheiro para detentores de ações ordinárias e outro para minoritários de ações preferenciais, há uma pequena polêmica. Isso porque o Novo Mercado, por exemplo, só admite ações com direito a voto na empresa. Atualmente, existem muitos defensores que associam conceitos de Governança Corporativa com o fim das ações sem direito a voto.

Dentre as razões está o fato de o atual sistema permitir que com proporcionalmente poucas ações ordinárias seja possível deter controle da empresa. Quer dizer, às vezes pode ocorrer de o acionista ter muitas ações preferenciais e não ter peso por não poder votar. Para resolver isso é que ou cria-se a vaga de Conselheiro para preferencialistas, ou então se exige que todas as ações tenham direito a voto, como propõe o Novo Mercado.

Entretanto, defende-se também o atual sistema, haja visto que as ações preferenciais são as preferidas por investidores. Sendo as que possuem melhor liquidez e são mais bem negociadas na Bolsa de Valores. Assim, ações preferenciais com direito a eleger Conselheiro parecem boa solução para que mesmo quem não tenha voto possa indicar Conselheiro e influir na Administração.

Contribuição para Governança Corporativa

Uma das preocupações da Governança Corporativa centra-se essencialmente no Conselho de Administração. O Conselheiro dos minoritários, além de acompanhar de perto a atividade das empresas, pode manifestar sempre a posição dos acionistas. Na pior das hipóteses, representa mais um canal para que os minoritários fiquem informados dos negócios da empresa e constantes mudanças. Quem sabe até trazer sugestões e novos projetos que podem ir eventualmente ao encontro dos outros. Dentro do conceito de Governança Corporativa, com certeza é mais uma opinião e visão para enriquecer o debate.

Pode até servir para trazer novos profissionais ao centro de decisões do Conselho. Talvez nem sempre sendo já amplamente reconhecido pelo mercado, e com ampla expertise, mas pessoas de alto gabarito também e às vezes até reconhecidas em outras áreas. Afinal, este é um dos ditames da Governança, o de permitir meios e formas de trazer um debate atual e moderno para dentro da empresa, cada vez mais tendo de prestar informações ao mercado, e mais distante do proibitivo comportamento de procurar benefícios exclusivos.

No fundo, não muda tanta coisa assim, afinal o mercado conhece quem são os executivos respeitados e com ampla influência até na opinião pública. Mas, de qualquer forma, novos membros podem trazer oxigênio extra às discussões, e contemplar opiniões que podem ser muito úteis a algum departamento da empresa. Fora isso, sempre serão testemunho próximo das operações, documentos e negociações da empresa.

Preservação de Maioria dos Controladores

Dentro da coerência do sistema, a Lei dispõe sobre a manutenção de maioria de membros do Conselho indicado por Controladores. Também não é o escopo da Lei cuidar tanto do interesse de minoritários a ponto de extrapolar as regras do jogo. Assim, mesmo com a adoção do sistema do voto múltiplo e tendo Conselhos de minoritários, aos controladores cabe ter maioria de membros do Conselho.

Maioria que possa traduzir da forma mais razoável as orientações do grupo controlador. Ainda que com a existência de novos membros do Conselho, existe a preocupação de assegurar a coerência e o sentido da Lei das Sociedades Anônimas. A Governança Corporativa traz novos conceitos, pretende modernizar a administração, propõe *disclosure* de decisões, traz acionistas minoritários ao debate. Mas cuida-se também para que no seu Conselho a empresa continue a espelhar os acionistas que a controlam, que por direito adquiriram essa condição.

Pode-se afirmar, com certeza, que muitas foram as mudanças em termos de Conselho de Administração nestes últimos dez anos. Não apenas a técnica financeira e de administração evoluiu. Mas, cada vez mais, os passos da empresa são acompanhados não só por órgãos de fiscalização, como investidores em geral. Cada decisão, negócios relevantes, tudo precisa ser bastante elucidado e justificado. A defesa de interesses exclusivos está cada vez mais, senão totalmente, inviável. O resultado é que a estrutura administrativa revolucionou, e está cada vez maior, por exemplo, com a área de Relações com Investidores. Às vezes, também, proporcionalmente com encargos excessivos a algumas empresas, que acabam levando ao seu fechamento de capital.

Disposições conforme a Lei das S.A. 6.404/76 alterada pela Lei 10.303/01

Voto Múltiplo

"Art. 141. Na eleição dos conselheiros é facultado aos acionistas que representem, no mínimo, um décimo do capital social com direito a voto, esteja ou não previsto no estatuto, requerer a adoção do processo de voto múltiplo, atribuindo-se a cada ação tantos votos quantos sejam os membros do conselho, e reconhecido ao acionista o direito de cumular os votos num só candidato ou distribuí-los entre vários.

§ 1° A faculdade prevista neste artigo deverá ser exercida pelos acionistas até quarenta e oito horas antes da assembléia geral, cabendo à mesa que dirigir os trabalhos da assembléia informar previamente aos acionistas, à vista do "Livro de Presença", o número de votos necessários para a eleição de cada membro do conselho.

§ 2° Os cargos que, em virtude de empate, não forem preenchidos, serão objeto de nova votação, pelo mesmo processo, observado o disposto no § 1°, *in fine.*

§ 3° Sempre que a eleição tiver sido realizada por esse processo, a destituição de qualquer membro do conselho de administração pela assembléia geral importará destituição dos demais membros, procedendo-se a nova eleição; nos demais casos de vaga, não havendo suplente, a primeira assembléia geral procederá à nova eleição de todo o conselho.

§ 4º Terão direito de eleger e destituir um membro e seu suplente do conselho de administração, em votação em separado na assembléia-geral, excluído o acionista controlador, a maioria dos titulares, respectivamente:

- *§ 4º com redação dada pela Lei nº 10.303, de 31.10.2001.*

I – de ações de emissão de companhia aberta com direito a voto, que representem, pelo menos, 15% (quinze por cento) do total das ações com direito a voto; e

- *Inciso I acrescentado pela Lei nº 10.303, de 31.10.2001.*

II – de ações preferenciais sem direito a voto ou com voto restrito de emissão de companhia aberta, que representem, no mínimo, 10% (dez por cento) do capital social, que não houverem exercido o direito previsto no estatuto, em conformidade com o art. 18.

- *Inciso II acrescentado pela Lei nº 10.303, de 31.10.2001.*

§ 5º Verificando-se que nem os titulares de ações com direito a voto e nem os titulares de ações preferenciais sem direito a voto ou com voto restrito perfizeram, respectivamente, o *quorum* exigido nos incisos I e II do § 4º, ser-lhes-á facultado agregar suas ações para elegerem em conjunto um membro e seu suplente para o conselho de administração, observando-se, nessa hipótese, o *quorum* exigido pelo inciso II do § 4º.

- *§ 5º acrescentado pela Lei nº 10.303, de 31.10.2001.*

§ 6º Somente poderão exercer o direito previsto no § 4º os acionistas que comprovarem a titularidade ininterrupta da participação acionária ali exigida durante o período de 3 (três) meses, no mínimo, imediatamente anterior à realização da assembléia-geral.

- *§ 6º acrescentado pela Lei nº 10.303, de 31.10.2001.*

§ 7º Sempre que, cumulativamente, a eleição do conselho de administração se der pelo sistema do voto múltiplo e os titulares de ações ordinárias ou preferenciais exercerem a prerrogativa de eleger conselheiro, será assegurado a acionista ou grupo de acionistas vinculados por acordo de votos que detenham mais do que 50% (cinqüenta por cento) das ações com direito de voto o direito de eleger conselheiros em número igual ao dos eleitos pelos demais acionistas, mais um, independentemente do número de conselheiros que, segundo o estatuto, componha o órgão.

- *§ 7º acrescentado pela Lei nº 10.303, de 31.10.2001.*

§ 8º A companhia deverá manter registro com a identificação dos acionistas que exercerem a prerrogativa a que se refere o § 4º.

- *§ 8º acrescentado pela Lei nº 10.303, de 31.10.2001.*

§ 9º (VETADO)"

2

Papel do Laudo de Avaliação

O LAUDO DE AVALIAÇÃO é a parte mais importante oferta pública de ações – OPA. Afinal é aí que se encontra o cerne das discussões de se estar muitas vezes lesando minoritários ou não nessas operações. É o centro de discussões da oferta pública, e atualmente, com a Nova Lei das S.A, é grande a preocupação das empresas de fazer o cálculo, mais próximo do adequado possível, para evitar contratempos e atrasos no andamento das operações.

Ao fazer a avaliação, existem os critérios mais abertos e os mais fechados. Os mais fechados seriam, por exemplo, os que se baseiam na série histórica da cotação da ação na Bolsa de Valores, ou com base nos demonstrativos contábeis publicados. Hipóteses em que não há muito que discutir em relação aos números estabelecidos. Outros critérios como do fluxo de caixa descontado e definição de múltiplos permitem cálculos baseados em números mais variáveis, dependendo da forma como são feitas a análise e a pesquisa.

O cálculo adequado evita problemas para a empresa que estiver fazendo a oferta, de ter que enfrentar longos processos contra discordantes. Ainda que não seja feita a mudança de avaliação, isso não impede que acionistas entrem na justiça para receber alegadas diferenças. Processos que custam caro e atrasam consideravelmente o andamento dos negócios da empresas em confrontos longos na justiça. Pior, com métodos de cálculo, correção, juros, que tornam o problema da diferença no valor da avaliação cada vez mais grave.

Quem faz o Laudo de Avaliação

A Instrução CVM 361 define quem são os avaliadores, que só podem ser entidades reconhecidas no mercado. Especialistas de fato no mercado financeiro, que podem achar o valor mais próximo da realidade e do adequado. Hora em que precisão e técnica devem ser aliadas ao bom senso e realismo, para se fixar um valor mais consensual possível e evitar atrasos e embates na operação em questão.

Vejamos o art. 8° da Instrução CVM 361:

"§ 1° O laudo de que trata o *caput* poderá ser elaborado pela instituição intermediária, sociedade corretora ou distribuidora de títulos e valores mobiliários ou instituição financeira com carteira de investimento que possuam área especializada e devidamente equipada e tiverem experiência comprovada, ou ainda por empresa especializada com experiência comprovada."

Critérios – idéia geral – Anexo III da Instrução CVM 361

Dentre os critérios e métodos para avaliação, reconhecidos no mercado financeiro e de capitais, encontramse os citados pela Instrução CVM 361. Após a edição da referida instrução, a autarquia abriu para audiência pública o anexo III, que discute o assunto, não sendo outro o objetivo a não ser de encontrar metodologia que seja o mais consensual possível e evite confrontações de acionistas, que atrasam as operações e depois podem durar por anos na Justiça. Vejamos alguns aspectos do anexo III:

• preço médio ponderado de cotação das ações da companhia objeto na bolsa de valores ou no mercado de balcão organizado, nos últimos 12 (doze) meses, se houver, discriminando os preços das ações por espécie e classe;

• valor do patrimônio líquido por ação da companhia objeto apurado nas últimas informações periódicas enviadas à CVM;

• valor econômico da companhia objeto por ação, calculado pela regra do fluxo de caixa descontado ou por múltiplos, conforme se entender fundamentadamente mais adequado ao caso da companhia, de modo a avaliála corretamente;

• valor da companhia segundo o critério de avaliação adotado pelo ofertante para a definição do preço justo, se for o caso, e não estiver abrangido nos incisos anteriores;

• declaração do avaliador:

a) quanto à quantidade de ações de emissão da companhia objeto de que ele próprio, seu controlador e pessoas a eles vinculadas sejam titulares, ou que estejam sob sua administração discricionária;

b) sobre o critério de avaliação, dentre os constantes do laudo, que lhe pareça mais adequado à definição do preço justo, se for o caso;

c) de que não tem conflito de interesses que lhe diminua a independência necessária ao desempenho de suas funções;

d) do custo do laudo de avaliação; e

• as planilhas de cálculo e projeções utilizadas na avaliação por valor econômico, com destaque para as principais premissas utilizadas e justificativa para cada uma delas.

- O laudo de avaliação poderá avaliar a companhia em uma faixa de valores mínimo e máximo, desde que a diferença entre tais preços não ultrapasse 10% (dez por cento).

Debate sobre critérios e métodos de cálculo

Dentre os critérios possíveis para cálculo de valor, alguns são mais consensuais e outros nem tanto. Os critérios baseados em séric histórica ou informativos financeiros são mais fáceis de calcular. Tirar uma média a partir da cotação das ações da empresa nos últimos 12 meses não apresenta problemas. Assim como calcular valor patrimonial a partir de demonstrativos financeiros oficialmente publicados. Entretanto, requerem comparação com outros métodos, pois pode acontecer de a ação da referida empresa não ter liquidez em bolsa e, conseqüentemente, ter poucos negócios que possam servir de base para uma cotação mais segura.

O método dos múltiplos também possui suas particularidades, pois depende bastante do referencial e da área em que, através deste método, é feita a avaliação, a partir da criação de padrões, unidades de comparação, em relação ao desempenho de outras empresas e ações. Entretanto, depende do tipo de atividade da empresa, do cenário, para se criar um padrão comparativo. Decerto diferentes empresas de áreas diversas possuem reações diferentes em relação a cada movimento da bolsa e economia, tais como o comportamento em relação à variação cambial. Algumas ganham com isso, outras não, então um eventual semelhante padrão comparativo não servirá para ambos os casos.

O fluxo de caixa descontado é talvez o método mais usado, entretanto também não pode ser definitivo. Tal método pressupõe cálculo, chamado *valuation*, que parte de variáveis futuras, e bem se sabe o quanto se pode confirmar ou não. Há áreas em que fica mais fácil fazer o cálculo, por exemplo, ao se projetar o consumo de água, luz, numa cidade ou país. Mas nem sempre se confirma a forma de projetar os lucros com venda de carros ou computadores. Aliás, vale lembrar que o grande vilão da bolha da tecnologia foi este conhecido método de avaliação. Por meio do qual se chegava a projetar crescimento e ganhos com uma demanda na área de internet e tecnologia que passavam muito longe da realidade. As empresas pareciam valer muito graças a cálculos através deste método que projetavam muitos ganhos e crescimento irreais.

Possibilidade de pedir novo laudo

A nova Lei das S.A. trouxe avanço antes inexistente ao inserir a redação do artigo 4-A. Antes da lei, os acionistas e investidores insatisfeitos geralmente recorriam mesmo ao Judiciário para contestar cálculos de avaliação. Agora possuem mecanismo e recurso próprio dentro da própria empresa para pedirem a instalação de Assembléia que discutirá cabimento da nova avaliação ou não.

Sendo necessário para tentar obter a nova avaliação acionistas titulares de mínimo de 10% de ações em circulação. Critério tipicamente criado para se permitir que acionistas minoritários se manifestem discordando ou não do laudo original. Visto ser um dos pontos de maior polêmica nos processos de fechamento de capital, por exemplo.

Penalidade caso seja inviável

Para não dar abertura a indevidos reclames em relação aos laudos, a Lei dispõe que, caso se encontre valor menor ou igual no novo laudo, haverá punição dos solicitantes. Talvez a obtenção de valor maior, ou não, não seja o mais adequado para qualificar se o laudo original foi bom ou não. Mas é meio de se verificar, no caso contrário, se os acionistas estariam recebendo adequadamente pelo resgate de ações. Já que, por pressuposto, quanto mais receber pela oferta, mais estará satisfeito, e sendo esse o objetivo de sua manifestação.

Textos da Lei das S.A. e Instrução CVM 361

Em relação ao mesmo caso, segue transcrição da Lei 6.404/76 alterada pela Lei 10.303/01 – Nova Lei das S.A., e Instrução CVM 361, que disciplina as Ofertas Públicas de Ações, de acordo com a Nova Lei das S.A. Trazendo a novidade antes inexistente, na Lei original, da possibilidade de se requerer nova avaliação, caso existentes elementos que indiquem falhas e incorreção no laudo de avaliação original. Vale destacar que a Lei prevê punição caso se verifique tal pedido em hipótese na qual não seria viável.

Disposições da Lei 6.404/76, alterada pela Reforma da Lei das S.A. 10.303/2001:

"Art. 4º-A. Na companhia aberta, os titulares de, no mínimo, 10% (dez por cento) das ações em circulação no mercado poderão requerer aos administradores da companhia que convoquem assembléia especial dos acionistas titulares de ações em circulação no mercado, para deliberar sobre a realização de nova avaliação pelo mesmo ou por outro critério, para efeito de determinação do valor de avaliação da companhia, referido no § 4º do art. 4º.

§ 1º O requerimento deverá ser apresentado no prazo de 15 (quinze) dias da divulgação do valor da oferta pública, devidamente fundamentado e acompanhado de elementos de convicção que demonstrem a falha ou imprecisão no emprego da metodologia de cálculo ou no critério de avaliação adotado, podendo os acionistas referidos no *caput* convocar a assembléia quando os administradores não atenderem, no prazo de 8 (oito) dias, ao pedido de convocação.

§ 2º Consideram-se ações em circulação no mercado todas as ações do capital da companhia aberta menos as de propriedade do acionista controlador, de diretores, de conselheiros de administração e as em tesouraria.

§ 3º Os acionistas que requererem a realização de nova avaliação e aqueles que votarem a seu favor deverão ressarcir a companhia pelos custos incorridos, caso o novo valor seja inferior ou igual ao valor inicial da oferta pública.

§ 4º Caberá à Comissão de Valores Mobiliários disciplinar o disposto no art. 4º e neste artigo, e fixar prazos para a eficácia desta revisão.

- *Artigo 4º-A acrescentado pela Lei nº 10.303, de 31.10.2001.*"

Disposições sobre segunda Avaliação conforme Instrução CVM 361/2002

Revisão do preço da oferta

"Art. 23. Na hipótese de revisão do preço da OPA, na forma prevista no art. 4-A da Lei 6.404/76, e desde que não haja desistência do ofertante, o leilão será iniciado pelo novo preço, devendo ser publicado aviso de fato relevante informando sobre a revisão do preço e a manutenção ou desistência da OPA.

Art. 24. Na revisão do preço da OPA adotar-se-á o seguinte procedimento:

I – o pedido de convocação da assembléia especial de acionistas titulares de ações em circulação, devidamente fundamentado e acompanhado de elementos de convicção que demonstrem a falha ou imprecisão no emprego da metodologia de cálculo ou no critério de avaliação adotado, deverá ser formulado no prazo de 15 (quinze) dias, contado da divulgação do valor da oferta pública, nos termos do § 1º do art. 4º-A da Lei 6.404/76, e suspenderá o curso do processo de registro ou, se já concedido este, o prazo do edital da OPA, adiando o respectivo leilão, devendo o ofertante providenciar a publicação de aviso de fato relevante dando notícia do adiamento e da data designada para a assembléia especial;

II – caso a assembléia especial delibere pela não realização de nova avaliação da companhia, será retomado o curso do processo de registro, ou da própria OPA pelo prazo remanescente, conforme o caso, devendo o ofertante providenciar, nesta última hipótese, a publicação de aviso de fato relevante, com a nova data de realização do leilão;

III – caso a assembléia delibere pela realização de nova avaliação, e o laudo de avaliação venha a apurar valor igual ou inferior ao valor inicial da OPA, será retomado o curso do processo de registro, ou da própria OPA pelo prazo remanescente, conforme o caso, devendo o ofertante providenciar, nesta última hipótese, a publicação de aviso de fato relevante, com a nova data de realização do leilão; e

IV – caso a assembléia especial delibere pela realização de nova avaliação, e o laudo de avaliação venha a apurar valor superior ao valor inicial da OPA, o ofertante deverá publicar, no prazo de 5 (cinco) dias, a contar da apresentação do laudo, aviso de fato relevante, informando se mantém a OPA ou dela desiste, esclarecendo, na primeira hipótese, que será retomado o curso do processo de registro, ou da própria OPA pelo prazo remanescente, conforme o caso, devendo o ofertante providenciar, nesta última hipótese, a publicação de aviso de fato relevante, com a nova data de realização do leilão e o novo preço.

§ 1º O prazo de 15 (quinze) dias referido no inciso I somente começará a correr após a entrega do laudo de avaliação original à CVM, ou após a sua disponibilização na forma do § 6º abaixo, se esta ocorrer antes, devendo o ofertante publicar aviso de fato relevante, dando notícia de tal entrega.

§ 2º O laudo de avaliação de revisão será elaborado por sociedade que atenda aos requisitos dos §§ 1º e 2º do art. 8º, e deverá observar todos os requisitos estabelecidos nos §§ 3º e 4º do mesmo artigo.

§ 3º A assembléia especial que deliberar pela realização de nova avaliação deverá nomear o responsável pela elaboração do laudo, aprovar-lhe a remuneração, estabelecer prazo não superior a 30 (trinta) dias para o término dos serviços, e determinar que o laudo seja encaminhado à companhia objeto, na pessoa de seu diretor de relações com investidores, à bolsa de valores ou entidade do mercado de balcão organizado em que deva realizar-se o leilão, e à CVM, além de ser encaminhado também ao endereço eletrônico desta última, no formato específico indicado pela CVM.

§ 4º A administração da companhia objeto deverá colaborar com o avaliador, visando à disponibilidade dos elementos necessários à elaboração do laudo de avaliação.

§ 5º A instituição responsável pela elaboração do laudo de avaliação deverá ainda, na mesma data da entrega do laudo à CVM, comunicar à instituição intermediária o resultado da avaliação, para que esta e o ofertante adotem as providências cabíveis, dentre aquelas previstas nos incisos III e IV.

§ 6º O laudo de avaliação de que trata este artigo ficará disponível nos mesmos lugares, e no mesmo formato, do laudo de avaliação de que trata o art. 8º.

§ 7º A ata da assembléia especial a que se refere este artigo indicará, necessariamente, o nome dos acionistas que votarem a favor da proposta de realização de nova avaliação, para efeito de eventual aplicação do § 3º do art. 4-A da Lei 6.404/76."

3

O Desafio da Governança Corporativa

A GOVERNANÇA CORPORATIVA TRAZ conceitos modernos de Administração para dentro das Empresas. Ganha importância maior, atualmente, em vista das megafraudes de empresas acima de qualquer suspeita. O *disclosure*, associado ao *accountability*, ganha grande importância na administração das empresas. Num contexto em que o principal é a defesa apropriada de interesses dos acionistas.

Pretendendo-se deixar para trás uma época em que diretores de empresas gerenciavam as companhias de forma temerosa, dentre as práticas condenadas muitos administradores chegavam a utilizar seus poderes gerenciais corporativos para interesses próprios, sendo comuns os casos em que administradores emprestavam capital da empresa para si mesmo. Ou mesmo dentro da dinâmica dos negócios, beneficiando relações com certas empresas, de acordo com seus interesses. Fazendo de uma forma em que, a despeito dos interesses dos acionistas da empresa, os administradores utilizavam-se de um poder discricionário em defesa de interesses pessoais.

O "Disclosure de Informações" faltava na maioria destes casos em que administradores adotavam certas práticas, e ainda sem dar nenhuma satisfação aos acionistas da empresa. Um caso muito discutido é o das empresas familiares, tipo ainda muito comum mesmo entre as companhias abertas, em que às vezes, mesmo depois de abrir o capital em Bolsa de Valores, os administradores continuavam com práticas inerentes à época da gestão familiar. Tomando-se decisões que nem sempre estão de acordo com os objetivos dos acionistas.

Sendo um dos fundamentos da Governança Corporativa a administração em defesa da companhia, para seus acionistas em conjunto ao invés de uma administração que defenda apenas interesses de controladores. Mas sempre em busca do que for melhor para a corporação como um todo, adotando-se Códigos de Ética e conduta para administradores.

Novo Mercado da Bovespa

Na Bovespa, foi criado o Novo Mercado, que representa um novo padrão para empresas. Por um lado, devido a um grande número de requisitos, ainda são poucas as empresas com capacidade para serem listadas no Novo Mercado. Mas o Novo Mercado é um novo espaço para empresas que atendam aos padrões internacionais de Governança Corporativa. Investir numa empresa deste segmento de certa forma é uma certeza de estar alinhado com companhias que zelam e procuram fazer frente a exigências da administração moderna e da Governança Corporativa.

Os requisitos estabelecidos visam levar as empresas a um padrão ótimo de administração transparente e eficaz. Ao exigir índices mínimos de dispersão acionária, com mínimo de quantidade de ações em circulação, por exemplo, visa manter a liquidez das ações da empresa. Liquidez, traduzida como negociabilidade das ações, que é a meta de todas as empresas que desejam crescer como companhia aberta. Isso tem várias repercussões. Entre elas, se as ações estiverem sendo bem negociadas, fica mais fácil estabelecer seu valor, caso haja necessidade de avaliação.

Manter a empresa com índice mínimo de ações em circulação também é meio de se evitar concentração excessiva de ações. Objetiva-se evitar situações de empresas que são abertas, mas tem seu controle definido por poucos controladores. Pretende-se assim evitar situações exageradas em que os acionistas minoritários ficam completamente à parte da empresa. Com a dispersão, e muitas ações em circulação, pretende-se dar força ao público e ao mercado, nas decisões dos rumos da empresa.

Outro exemplo de requisito do Novo Mercado é a publicação de Acordo de Acionistas e Código de Ética. São documentos importantes e que organizam a vida da empresa, e a forma como as decisões são tomadas. Alinhado com os últimos regulamentos da CVM, busca-se uma companhia transparente, com determinada igualdade de condições entre acionistas e controladores. Tudo para se evitarem situações, por exemplo, em que os acionistas ficam em segundo plano por não terem acesso a determinadas informações e dados da empresa.

Sarbanes-Oxley

Em resposta às fraudes, veio a lei Sarbanes-Oxley com uma série de medidas. Os administradores deverão assinar os balanços e relatórios da corporação, atestando sua veracidade, de maneira que os relatórios deixam de ser meros informativos para analistas e investidores, para terem agora o compromisso com a verdade, visto ser inadmissível a publicação de relatórios que têm amplo poder de influenciar o preço das ações e da empresa, sem esse compromisso. Tal comportamento dava margem a toda sorte de manipulação de dados bem como da própria dinâmica das ações da empresa no mercado.

Pior que divulgar relatórios fictícios era ser atestado por renomada empresa de auditoria, que o mercado penalizou. Notoriamente a função da auditoria é justamente a de conferir, checar, pesquisar e levantar dados do balanço das empresas. Diante disso, agora com a Sarbanes-Oxley, inseriu-se o conceito de rodízio de auditorias periodicamente, com escopo de renovar o grupo de especialistas que atestam dados contábeis.

Nessa esteira é que surgem os Comitês de Auditoria, encarregados de atestar a busca pela consistência de dados. Nessa revolução de novas exigências, até os advogados são lembrados, definindo-se sua responsabilidade em atestar as condições da companhia. Devendo relatar fraudes num compromisso com acionistas e o mercado.

São diversas mudanças, no novo padrão estabelecido pela Sarbanes-Oxley. Cumprir todos os novos requisitos é um desafio e tanto para companhias americanas e para as que querem acessar o mercado americano. As empresas brasileiras com ADRs em New York, terão de seguir o novo padrão estabelecido. Encontrando-se numa fase de interpretar e aplicar as novas regras da melhor forma, e com suas dificuldades inerentes, dada a sua novidade.

Diretor de Relações com Investidores

Pessoa de grande importância a partir de agora é o Diretor de Relações com Investidores, e sua incumbência é a de fazer interface com o Mercado, colocando à disposição dos investidores informações da empresa. É através dele que as operações financeiras são esclarecidas, e a empresa divulga seus negócios. No contexto da Governança

Corporativa, é elemento fundamental para que os acionistas possam acompanhar a dinâmica da companhia.

Participando, por exemplo, de audiências públicas, em *broadcast*, deverá tirar as dúvidas dos acionistas e investidores acerca da companhia. Apresentar os planos, projetos, bem como relatórios, balanços, e esclarecer sobre operações de Mercado de Capitais, cumprindo assim determinação das leis e regulamentos de Mercado de Capitais, de bem informar o mercado sobre a companhia. Vale dizer, com notícias de operações muitas vezes decisivas na vida da empresa. Muito embora por vezes complexas, ter conhecimento do funcionamento das operações é de grande importância para acionistas e investidores.

Quando se fala, por exemplo, em fusão, incorporação, cisão, os acionistas querem saber de todos os detalhes, o desenho da operação, e todas suas etapas, visto que muitas vezes serão processos que se desenvolverão em diversas fases. O acionista quer saber se haverá troca de ações, se poderá exercer direito de retirada, se existe uma avaliação do preço das ações e como foi feito. O Diretor de Relações com Mercado é quem deverá coordenar toda a publicação de dados e informações exigidas, junto com a administração da companhia.

Disclosure, Accountability e Confiabilidade de Informações

Desafio central de toda Governança Corporativa é não só a transparência, a prestação adequada de contas, mas ainda a confiabilidade de dados. Conceito bastante simples e direto, que significa que independe da quantidade de papel ou informação que vem a publico, importante se está de acordo com a realidade da empresa. De nada adiantam balanços, relatórios, publicações e tudo mais, se for tudo em desacordo com os fatos da empresa. A confiabilidade das informações talvez seja o aspecto mais importante.

De nada adianta se houver amplo *disclosure*, e uma imensa estrutura para verificar contas e dados, se faltar a confiabilidade básica. Não foi por falta de papéis, documentos, informes e relatórios divulgados ao mercado que as megacorporações faliram. Pode-se dizer que não adianta existir uma complexa estrutura para atender acionistas e fluxo de informações, se faltar confiabilidade.

Não se pode esquecer que muito embora haja agora a Sarbanes-Oxley, os EUA são pioneiros em matéria de regulamentação de mercado de capitais. Isto é, já existem, há muito tempo, diversos regulamentos que tratam de compromissos a serem observados pelas companhias abertas. Para serem companhia aberta e emitirem valores mobiliários, têm de deixar à disposição uma série de informações, e cumprir uma série de requisitos.

Vale destacar que as fraudes não ocorreram por falta de relatórios ou balanços. Havia muitos informes e documentos de toda sorte, conforme exigidos. Entretanto o problema estava na confiabilidade dessa imensa quantidade de documentos. Quer dizer, pode até existir o *disclosure* e a regularidade na divulgação e acesso a informações, mas de nada adianta se estiver dissociado de confiabilidade.

Com a revolução trazida nos meios de comunicação pela internet, a facilidade de divulgar notícias vai de encontro com os esforços de *disclosure*. Mas de que adianta relatórios e tudo mais se faltar confiabilidade? Essa, na verdade, é a simples e mais importante exigência, pode-se dizer, até para que a Governança Corporativa, como sonhada, possa funcionar.

Esclarecimentos da Lei e das Operações

Em resumo, Governança Corporativa também é ter adequado entendimento das operações, em sintonia com a Lei das S.A. À medida que acionistas e investidores tenham compreensão das operações da empresa, poderão julgar por sua própria razão. Isso é possível com o conhecimento progressivo das Leis e regulamentos que regem o Mercado de Capitais. Importante seria se o formalismo na linguagem dos informativos oficiais fosse o mais esclarecedor possível. Já que ao contrário, acionistas e investidores, acabam por entender de fato as operações por meio da imprensa.

Com melhor conhecimento da Lei e regulamentos pertinentes, é possível que cada qual julgue por si mesmo, se a empresa está em conformidade com a lei. Fundamental para que se possa acompanhar todas as medidas, e inclusive fiscalizando com melhor eficácia. Apenas com adequado conhecimento do funcionamento das diversas operações é que, inclusive, acionistas poderão julgar e votar na sua melhor razão, quando for o caso.

A vaga de membro do Conselho de Administração para minoritários, o funcionamento adequado do Conselho Fiscal e a eficácia do Comitê de Auditoria exige conhecimento da matéria. Para julgar a confiabilidade de dados, informações técnicas, é preciso antes conhecimento específico do tema. É só conhecendo a razão e funcionamento das SPE – Sociedades de Propósito Específico, por exemplo, dentro de complexos organogramas, que permitirá julgar seu sentido dentro do grupo empresarial, se como parte de um elaborado planejamento societário, ou nada mais sendo que uma empresa objeto de fraudes.

Enfim, apenas com conhecimento é que cada interessado poderá acompanhar e julgar as empresas. A Governança Corporativa depende, para seu sucesso, de muitos fiscais que verifiquem o cumprimento de seus princípios. Cada vez mais, empresas que tenham esse sinal de qualidade tendem a ser procuradas para investimentos. Acionistas e investidores, informados de seus direitos, querem empresas que são, em última análise, confiáveis e bem administradas. Importando não apenas a evolução da cotação do papel, mas ainda a importância que se dá para distribuição de dividendos, por exemplo. Sem dúvida, empresas que valorizam boas práticas de Governança Corporativa tendem a ser mais respeitadas e procuradas para investimentos.

4

A vez dos Minoritários*

DEFINITIVAMENTE, O COMEÇO DO século XXI para o Mercado de Capitais brasileiro será lembrado pelos Acionistas Minoritários. Muitos estudos reforçam as mudanças legislativas para este novo cenário do Mercado de Capitais. Sempre lembram que mercados mais desenvolvidos estão associados a minoritários atuantes e com proteção. Relatam sempre os abusos de alguns controladores a despeito de direitos das minorias, em que nas mais diversas operações societárias e de porte, tais como as ofertas públicas, fusões e incorporações, estariam desrespeitando direito de minorias.

O Governo, analistas, advogados e investidores, aproveitando as recentes e profundas mudanças no Mercado de Capitais dos EUA, rediscutem a Governança Corporativa neste contexto. Lembrando sempre que no Brasil é chegada a hora de se movimentar pela democratização do Mercado de Capitais, tornando-se o Acionista de varejo peça fundamental para movimentar esse Mercado em escala.

Entretanto, o que se vê é algo bastante assimétrico. Veio toda movimentação em defesa de um Mercado de Capitais moderno, democrático e transparente. Mui-

---

*. artigo escrito durante a recessão da NASDAQ 2000/2002

tas mudanças legislativas ocorreram em curto espaço de tempo, muitas delas nem sequer assimiladas ainda. O Minoritário ganhou espaço para discutir seus direitos amplamente. Entretanto, tudo num momento em que o Mercado de Capitais brasileiro deslancha cada vez mais. A Bolsa até sobe e de maneira recorde, mas enquanto isso muitas empresas não conseguem cumprir seus compromissos burocráticos como companhia aberta.

Eterna discussão do valor das ações

A lei até parece bastante clara ao definir o método de avaliação das ações, entretanto só esse tema é sede de intermináveis discussões. Por mais que esteja tudo claro e definido na lei, suas hipóteses e condições viraram polêmica que parece estar longe de seu consenso. Não se sabe se devido a falta de assimilação das novidades da lei. Fato é que, por exemplo, atualmente, dificilmente se faz uma operação de Fusão, Incorporação, Cisão ou cancelamento de registro sem que algum minoritário postule seus direitos na Justiça. Resultado imediato é que muitas operações ficam trancadas no tempo, com suas intermináveis discussões no Judiciário.

Todos objetivam um Mercado de Capitais forte, democrático, em que um simples cidadão possa fazer investimentos em ações, e ter à sua disposição uma infinidade de informações da companhia. Que as pessoas comecem a se habituar a investir em ações e possam acompanhar de perto sua carteira, sem receio de ser lesado, através de uma operação que desconheça o funcionamento. Um Mercado de Capitais não apenas de poucos Players, de tradicionais bancos e fundos apenas. Neste sentido é o trabalho das Bolsas de Valores no Brasil: aproximar pessoas e empresas.

Porém, o que se constata é que se multiplicaram, sim, as guerras entre acionistas dentro das empresas. Com guerras de liminares que tornam muitas operações em casos intrincados, longe de qualquer consenso e talvez bom senso. Claro, se para empresas classe *blue chip* já não é fácil contornar a guerra de advogados, mas que ainda possuem estrutura que possibilita equacionar as disputas, como ficam as empresas menores, diante desses conflitos? Independentemente de quem estiver certo, as empresas com certeza saem perdendo, com tantas operações trancadas e em discussão. Isso para não lembrar que, justamente nesses últimos anos, a crise econômica e a recessão vieram para acabar com muitas empresas e empregos. Como se já não bastassem os problemas.

Opção pelo Capital Fechado ou Aberto

Em vista disso, muitas empresas de reconhecido porte hesitam em abrir o capital. Muito se sabe das vantagens eventuais de se capitalizar através do Mercado de Capitais e de crescer em escala. Entretanto, o problema das guerras entre acionistas parece ser um fator absolutamente imprevisível e incontrolável, que em muito aumenta as dificuldades para manter a empresa. Parece ser decorrente de uma fase de adaptação, seguida às diversas evoluções legislativas.

Além de toda estrutura necessária para manter uma empresa aberta, ainda há todo aparato jurídico. No balanço das vantagens e desvantagens, parece que a opção pela companhia aberta deve-se aos casos de empresas que realmente procuram crescimento e capitalização em escala.

Amadurecimento pela Jurisprudência

Certamente é fase de formação de jurisprudência quanto ao sentido de toda legislação nova. A riqueza de decisões é que vai consolidar os direitos assegurados por lei, contra excessos. Tudo isso em conjunto, no sentido de contribuir para o desenvolvimento do Mercado de Capitais como um todo, hoje unanimidade política até. A preocupação toda que fica é que, já num contexto bastante recessivo, em que muitas empresas se encontram em dificuldades, se multiplicam as guerras entre acionistas na Justiça.

Tornando-se algo paradoxal, em que a legislação se moderniza bastante, e aumenta bastante a salutar discussão em torno do tema, enquanto as empresas têm dificuldade em se manter. Nos EUA, existe um amplo movimento em defesa da governança corporativa, após todos os escândalos. Mas lá existem muitas empresas e um Mercado de Capitais já bastante evoluído. Enquanto por aqui se verifica uma discussão bastante ampla sobre o tema, mas para um Mercado que, infelizmente, é proporcionalmente formado por poucas empresas que conseguem enfrentar tudo.

5

Complexos Societários, sociedades de propósito específico e fraudes financeiras

Conglomerado Empresarial

Os grupos empresariais caracterizam-se por serem um complexo societário com diversas empresas envolvidas. Num grupo, participam desde empresas limitadas e pessoas físicas até complexas sociedades anônimas com multiplicidade de acionistas. Geralmente, acompanhados por diversos contratos comerciais financeiros que articulam todo o complexo empresarial.

Nesses grupos, a parte societária ganha amplo destaque, já que exigem cuidados específicos tal a multiplicidade de mecanismos envolvidos. Ao final, geralmente, revela-se estar em questão o controle por um ou mais grupos, e todo aparato necessário para gerenciar os relacionamentos.

A parte societária nesses grupos constitui-se nos mecanismos jurídicos úteis para organização da empresa de forma racional. Funciona principalmente junto com o planejamento contábil e tributário, para organizar as finanças do grupo. Ao menos é o controle e organização de contas que justifica o complexo societário, a ser alinhado com o interesse de seus sócios.

O problema todo é que em muitos grupos empresariais, a confusão de empresas e contratos torna difícil sua compreensão. Afinal, por mais elaborados que sejam, é imperativo que, ao final, com certeza façam sentido no todo. Antes, esses intrincados organogramas ficavam restritos a poucos técnicos envolvidos para sua elaboração. Atualmente, com todo *disclosure* exigido, acabam por vir à tona, mesmo que aos poucos. Todo o planejamento técnico é o que justifica todos os estudos e sua complexidade, alinhados com os mais elaborados mecanismos societários e contratuais que equilibrarão os interesses.

Entretanto, que sentido acabam fazendo esses complexos, quando autoridades se deparam com sociedades de propósito específico que teriam de possuir capital, bens e direitos, e que quando investigados não são reconhecidos pelo respectivo e fiel depositário?

Sociedades de Propósito Específico

As sociedades de propósito específico são extremamente úteis em diversas situações. Equacionar participações societárias é um exemplo, ao invés de confundir em excesso a companhia aberta, por exemplo. Constituir a SPE para gerenciar a parte financeira da empresa é outro exemplo, onde poderá organizar operações de securitização. Os consórcios são outro exemplo, principalmente na disputa para compra de alguma empresa ou para organizar participações num empreendimento futuro.

Mas a SPE possui outra faceta também principalmente relacionada ao seu descolamento de algumas características da empresa principal. Se for uma SPE financeira, por exemplo, haverá toda e grande movimentação financeira. Muitas vezes, é nessa SPE que passarão todas as operações financeiras nevrálgicas. O problema é que muitas vezes a exigência de todo *disclosure* acaba se centrando na companhia aberta, principal. Enquanto é na

SPE financeira que acontece toda a movimentação de capital. O próprio entendimento da SPE acaba ficando restrito aos seus técnicos, enquanto seus acionistas acabam centrando-se na companhia aberta principal.

Fraudes

É bastante difícil evitar as fraudes, que nesses casos são muito bem elaboradas. Quando se envolvem operações da escala de multinacionais, detectar irregularidades é algo bem complexo. Exige auditores e advogados experientes para observar todo o funcionamento e detectar problemas.

Numa escala de uma corporação aberta, existem geralmente diversas empresas envolvidas. Inúmeros contratos e acordos, e parcerias, e aparentemente uma confusão financeira difícil de ser desvendar. São diversas empresas que funcionam conjuntamente, com controle aparentemente difuso. Mas ao final existe uma lógica que organiza o funcionamento da corporação, como as ordens são executadas e sua origem, bem como o fluxo financeiro.

Certamente, quando existem fraudes, a concepção é a mesma: de tirar proveito de poderes sobre a tesouraria da empresa. Por exemplo, desvio de recursos, empréstimos para si mesmo, criação de empresas para receber recursos, etc. Entretanto, descobrir como são elaboradas essas fraudes é algo bem complexo. Exige especialistas que saibam distinguir como uma mesma estrutura societária, com diversas empresas envolvidas e diversos interesses, pode estar vazando.

É nesse estágio que, quando descobertas, entram em cena os advogados e contadores especialistas, que irão centrar-se não na empresa principal, aberta, mas nas diversas outras do grupo. A empresa aberta é obrigada a fazer o *dis-*

closure de documentos e dados para funcionar, emitir ações, contrair empréstimos e deve informações ao mercado. O problema são as diversas outras que existem e participam do grupo empresarial como um todo. Sendo muitas vezes através delas que se consome o problema da corporação.

Desvendar estas equações societárias não é tarefa fácil. Mas é através deste trabalho que se pode compreender a lógica do grupo empresarial, como as ordens são executadas, o controle financeiro e fluxo de caixa.

Confusão Societária

A grande preocupação dos acionistas e dos órgãos fiscalizadores do governo é saber qual a estrutura societária elaborada e seu funcionamento. Entretanto, na maior parte das vezes, a estrutura societária é bastante complexa, e difícil de compreender. São participações cruzadas de diversos tipos que equilibram o controle dentro das corporações.

Seja como for, acaba por assegurar o controle a algum grupo e, de alguma forma, estrutura o fluxo de caixa da empresa. Através da nomeação de conselheiros que escolhem os diretores da empresa, materializam o controle dentro da corporação. Grande cuidado centra-se então em obter quórum mínimo para que possa eleger membros do Conselho de Administração e efetivamente influir nos rumos da empresa.

Confusão de Contratos e Acordos

Dentre os contratos societários, o acordo de acionistas é o de maior destaque. Através dele, os investidores, credores e acionistas decidem como serão as regras que nortearão as relações societárias numa corporação. São contratos muitas vezes extensos e que possuem diversos mecanismos societários embutidos, que serão muitas vezes incorporados pelos estatutos sociais das referidas empresas.

É através do acordo de acionistas que se efetiva muitas vezes o controle da empresa. Numa multiplicidade de empresas envolvidas, é o acordo de acionistas que muitas vezes dá sentido ao complexo societário. Definindo a entrada e saída de sócios, compra e venda de ativos e da empresa, indicação de Conselheiros, etc. Mas, quando se trata de corporações, existem muitos contratos envolvidos, e que vão surgindo com o tempo. Nesse ínterim é que os sócios devem se reunir regularmente para posicionar-se sobre novos acordos firmados.

Disclosure

Certamente, fazer o *disclosure* de todos os dados é impossível. Mas independentemente do nome das empresas, com o tempo e com o problema das fraudes, certamente as autoridades começarão a exigir uma compreensão maior destas empresas. Mostrando como funciona todo seu planejamento societário, ainda que por analogia. Isto é, com as empresas, e seu fluxo de capital e decisões, num organograma detalhado, já que, quando se trata de conglomerados empresariais, o conceito de *disclosure* em si não basta, visto que são poucos os que entendem os balanços publicados e informativos obrigatórios. Surge a necessidade de um novo conceito, de informar, mas de forma facilmente compreensível. Possivelmente através de organogramas que apresentem semelhanças entre si, comuns mesmo se tratando de diferentes empresas. Isto é, qualquer forma que facilitasse a compreensão do fluxo de caixa e execução de ordens dentro do grupo.

6

Minoritários e os Dividendos

OS ACIONISTAS MINORITÁRIOS GANHARAM amplo apoio da legislação com a Reforma da Lei das S.A. Os seus tradicionais direitos foram garantidos, e agora com maior respaldo legal. Tudo isso contribui para que sejam incentivados a investir em mais empresas. Entretanto existe todo o cuidado para que não exista um excesso de direitos que possa dificultar a vida das empresas. Da forma como está atualmente, possuem tantos poderes que chegam a modificar bastante a antiga influência dos controladores, que mesmo assim continua.

Mas todo o sentido da Reforma e dos minoritários é incentivar a abrangência do mercado de capitais. No Brasil, ainda muito restrito a profissionais de finanças, sendo um dos objetivos da Reforma, incentivar a cultura do investimento em ações, por pessoas comuns. Neste ínterim é que se encontra o atual movimento de práticas de governança corporativa, Novo Mercado e divulgação de informações por parte das Bolsas de Valores.

Tudo relacionado de alguma forma com o movimento mundial de *disclosure* de operações. Em decorrência das megafraudes de empresas de auditoria e de energia. Após o que fica constatado que o público investidor final é que sai perdendo. Depois disso, começa a ocorrer todo um cuidado com a formação do preço de ações no

Mercado de Capitais. Neste contexto é que foram criadas inúmeras iniciativas para tentar aproximar cada vez mais os investidores da realidade das empresas, já que o principal ativo do mercado de capitais é a confiança nas empresas, que está em jogo. Aqui no Brasil houve uma série de mudanças no Mercado de Capitais, em pouco espaço de tempo. O sentido é um só: trazer e regulamentar novos mecanismos de investimento, e ao mesmo tempo zelar pela credibilidade do mercado de capitais.

Está se criando no mercado local a cultura dos dividendos. Servindo como base para decisão de investimentos. Numa primeira etapa, considerava-se apenas a oscilação dos papéis na Bolsa. Já numa segunda fase, além do risco do papel em si, cuida-se de observar a performance da empresa. Geralmente compreendida na sua política de distribuição de dividendos. Claro que, quando o mercado está recessivo, isto nem sequer entra em vista, já que se podem vislumbrar apenas prejuízos. Mas quando o mercado está bom, e as empresas estão bem, a projeção dos dividendos pode ser o diferencial entre uma empresa e outra.

Nesse aspecto é que se atenta para as análises de especialistas do mercado em que, através de seus relatórios, projetam a atividade da empresa e seus balanços durante um prazo de tempo previsível. Muitas vezes com previsões discutíveis, tendo em vista a própria instabilidade do mercado. Num primeiro momento, foca-se a atenção na valorização ou não do papel. Logo depois, começa-se a verificar a projeção de dividendos.

No final das contas são esses os parâmetros que os acionistas começam a levar em consideração. Numa era de internet, as informações de qualidade estão cada vez mais disponíveis. Sabendo utilizar seus direitos com adequação, certamente está se passando para uma outra etapa do Mercado de Capitais. Entra agora o investidor individual, com diversas informações para julgar suas decisões de investimentos.

7

Conselho de Administração: voto múltiplo e minorias

Voto Múltiplo

O direito ao voto múltiplo já era previsto na antiga redação da Lei 6.404/76, sendo mecanismo que beneficia minoritários, para que tenha representante no Conselho de Administração. Cada voto desses minoritários é multiplicado pelo número de conselheiros a serem eleitos, possuindo a faculdade de utilizar os votos multiplicados em favor de um mesmo candidato. Há tabela proporcional do mínimo necessário para se exercer esse direito, disposta nas Instruções CVM 282 e 165.

"Art. 141. Na eleição dos conselheiros é facultado aos acionistas que representem, no mínimo, um décimo do capital social com direito a voto, esteja ou não previsto no estatuto, requerer a adoção do processo de voto múltiplo, atribuindo-se a cada ação tantos votos quantos sejam os membros do conselho, e reconhecido ao acionista o direito de cumular os votos num só candidato ou distribuí-los entre vários."

Representante de Preferencialistas e Ordinaristas

Antes da Reforma os detentores de 20% de ações ordinárias podiam eleger um membro do Conselho, se composto por menos de cinco pessoas. Agora, com a Nova Lei, os detentores de 15% de ações ordinárias podem eleger um Conselheiro, e os detentores de 10% de ações preferenciais podem eleger outro Conselheiro. Votação em separado, dentre os detentores de ordinárias e preferenciais, para apenas ser anunciado depois da Assembléia. Mas, caso não atinjam esse percentual, pode-se somar as posições detidas nos dois tipos de ações, e com 10% pode-se eleger Conselheiro. Há grande polêmica nesse novo direito de os preferencialistas elegerem membro do Conselho de Administração.

"4° Terão direito de eleger e destituir um membro e seu suplente do conselho de administração, em votação em separado na assembléia-geral, excluído o acionista controlador, a maioria dos titulares, respectivamente:

I – de ações de emissão de companhia aberta com direito a voto, que representem, pelo menos, 15% (quinze por cento) do total das ações com direito a voto; e

II – de ações preferenciais sem direito a voto ou com voto restrito de emissão de companhia aberta, que representem, no mínimo, 10% (dez por cento) do capital social, que não houverem exercido o direito previsto no estatuto, em conformidade com o art. 18.

§ 5° Verificando-se que nem os titulares de ações com direito a voto e nem os titulares de ações preferenciais sem direito a voto ou com voto restrito perfizeram, respectivamente, o quorum exigido nos incisos I e II do parágrafo 4°, ser-lhes-á facultado agregar suas ações para elegerem em conjunto um membro e seu suplente para o conselho de administração, observando-se, nessa hipótese, o quórum exigido pelo inciso II do parágrafo 4°."

Assegurada Maioria do Conselho

Com essa novidade, pode haver utilização do sistema de voto múltiplo e junto com a eleição de membros por detentores de ações ordinárias e preferenciais. Ocorrendo tal hipótese e para evitar distorções, garante-se que o controlador ou grupo controlador possa eleger igual número de Conselheiros, mais um. Tal regra não existia na Lei anterior, e decorre do novo direito concedido aos preferencialistas, de elegerem seu Conselheiro. Mudanças que refletem a grande preocupação com o Acionista Minoritário, e sua ingerência na sociedade.

"§ 7º Sempre que, cumulativamente, a eleição do conselho de administração se der pelo sistema do voto múltiplo e os titulares de ações ordinárias ou preferenciais exercerem a prerrogativa de eleger conselheiro, será assegurado a acionista ou grupo de acionistas vinculados por acordo de votos que detenham mais do que 50% (cinqüenta por cento) das ações com direito de voto o direito de eleger conselheiros em número igual ao dos eleitos pelos demais acionistas, mais um, independentemente do número de conselheiros que, segundo o estatuto, componha o órgão."

Lista tríplice

Como esse representante dos preferencialistas decorre de uma novidade, a lei orienta para que seja escolhido por lista tríplice. A ser substituído quando da eleição de Conselheiro, através do novo direito aos detentores de ações preferenciais. Trata-se de regra de transição, enquanto as Companhias Abertas ajustam-se à Nova Lei das S.A. Entretanto, nesse ponto há sérias controvérsias sobre seu procedimento.

"§ 4º Até a assembléia geral ordinária que se reunir para aprovar as demonstrações financeiras do exercício de 2004, inclusive, o conselheiro eleito na forma do § 4º, inciso II, ou do § 5º do art. 141, da Lei nº 6.404, de 15 de dezembro de 1976, será escolhido em lista tríplice elaborada pelo acionista controlador; e, a partir da assembléia geral ordinária de 2006, o referido conselheiro será eleito nos termos desta Lei, independentemente do mandato do conselheiro a ser substituído."

8

Acordo de Acionistas: Gerenciando Interesses Complexos em Corporações

Escopo

O Acordo de Acionistas é típico documento societário de sociedades com complexas relações e interesses difusos. Sua necessidade está relacionada com a multiplicidade de acionistas, cada qual com sua ótica. Considerando-se ainda o gigantismo administrativo característico das sociedades anônimas, torna-se necessário muitas vezes um acordo de cavalheiros para nortear as relações entre os acionistas. Sendo um documento com estrutura aberta, que pode ser extremamente simples e singelo, como também pode ser altamente sofisticado, abrangendo uma ampla gama de temas.

Direitos de Preferência e novos sócios

Uma das preocupações dos acionistas em geral é relativa à entrada de novos sócios. É inevitável que dentro da dinâmica empresarial parcerias sejam feitas ou desfeitas de acordo com as circunstâncias. Uma vez fechado um grupo de controle, e atingido ou traçado um equilíbrio de poderes dentro da empresa, almeja-se certa estabilidade, fundamental em qualquer negócio. É neste sentido que muitos acordos de acionistas possuem extensas disposições sobre a transição de sócios, em especial sobre a entrada de pessoas novas na sociedade.

Há empresas *blue chips* que são maiores que muitos municípios, e obviamente seu controle é altamente disputado. Não só entre os já acionistas controladores, mas também pelos concorrentes externos. Nesses casos, se as posições societárias já são calculadas, computadas e acompanhadas *pari passu*, que dirá a eventual entrada de novo sócio. Cláusulas como direito de preferência podem ter grande importância, e sua utilização adequada é vital na dinâmica do próprio controle.

Conselheiros dos Acionistas

No equilíbrio de forças da sociedade, os acordos de acionistas podem dispor sobre os Conselheiros. Definindo a relação da indicação de Conselheiros com a porcentagem societária que o acionista possuir. Claro que cada acionista procura manter o percentual mínimo de ações para poder eleger seu Conselheiro. Até o advento da Nova Lei das S.A., os controladores é que acabavam por indicar todos os Conselheiros. Talvez seja esse o ponto de maior relevo no Acordo, já que a partir daí é que se forma o Conselho de Administração da sociedade. Órgão de cúpula com amplos poderes operacionais e administrativos que irão nortear as atitudes da empresa.

Voto em Bloco

Um dos mecanismos básicos do acordo de acionistas é a previsão da votação em bloco. Tendo os controladores os mesmos interesses, acordam defender-se juntos nas deliberações da sociedade. Há interessante aspecto do voto em bloco, previsto em lei, sobre a impossibilidade de voto discordante, que não deve ser computado, conforme § 8º. Outro detalhe interessante é a autotutela para votação, caso um acionista esteja sendo prejudicado por outro relapso, previsto no § 9º.

"Art. 118. Os acordos de acionistas, sobre a compra e venda de suas ações, preferência para adquiri-las, exercício do direito a voto, ou do poder de controle deverão ser observados pela companhia quando arquivados na sua sede.

§ 8º O presidente da assembléia ou do órgão colexiado de deliberação da companhia não computará o voto proferido com infração de acordo de acionistas devidamente arquivado.

§ 9º O não comparecimento à assembléia ou às reuniões dos órgãos de administração da companhia, bem como as abstenções de voto de qualquer parte de acordo de acionistas ou de membros do conselho de administração eleitos nos termos de acordo de acionistas, assegura à parte prejudicada o direito de votar com as ações pertencentes ao acionista ausente ou omisso e, no caso de membro do conselho de administração, pelo conselheiro eleito com os votos da parte prejudicada."

Reunião Prévia

Dentre outros mecanismos próprios do grupo de controle, está a possibilidade de se realizar Reunião Prévia sobre as deliberações a serem votadas posteriormente em Assembléia. O grupo que na teoria possui mesmos interesses delibera entre si e toma posição a ser defendida depois, perante os outros acionistas da sociedade. Na

Reunião Prévia podem ser tomadas decisões que depois serão alinhadas e, através do voto em bloco, serão representativas do grupo controlador, visto que nem sempre os interesses do grupo de controle coincidem com a posição dos outros acionistas, de como pensam e votarão.

Possibilidade de Acordo de Quotistas em Sociedade Limitada

Uma das novidades que trouxe o Novo Código Civil foi a possibilidade de haver acordo do mesmo gênero para as sociedades limitadas. Prática bastante comum no direito norte-americano, por exemplo, e voltada para empresas de certa complexidade societária. Evidente que não é voltado para as sociedades limitadas simples, mas para aquelas que possuem uma estrutura mais complexa. Por vezes, podendo fazer parte de um grupo empresarial, com entrelaçamento de posições societárias.

Acordo de Acionistas e o Novo Mercado

Tão importante esse documento para a vida da sociedade anônima, que sua divulgação é um dos requisitos para empresas listadas no Novo Mercado. É o *Disclosure* dos novos tempos para o Mercado de Capitais, onde o equacionamento de interesses de controladores agora é divulgado aos investidores e outros acionistas. Ademais, procurando-se assim adequar-se aos ditames da Governança Corporativa.

9

Insider Trading e a Instrução CVM 358

Insiders Naturais

Tradicionalmente são consideradas *insiders* naturais as próprias pessoas que trabalham na empresa. Que em decorrência do próprio cargo que exercem têm contato direto com as informações e centro de decisão da empresa. Assim são os membros do Conselho de Administração, Diretores, membros do Conselho Fiscal, de órgãos com funções técnicas ou consultivas, e Acionistas Controladores. Pessoas que, pela sua própria condição, involuntariamente terão contato com as informações sigilosas da empresa.

Diretor de Relações com Investidores

O Diretor de Relações com Investidores é quem faz canal de comunicação entre as decisões e informações que se passam entre os *Insiders* Naturais e o Mercado. Sendo quem irá coordenar a comunicação ao mercado dos fatos relevantes, em atendimento às regras de *Disclosure*. Permitindo assim que os Investidores façam um adequado raio-X na empresa, e movimentações da cúpula administrativa. Só com esse trabalho de esclarecimento e coordenação é possível atender aos anseios de *disclosure*, contra o *insider trading*.

"Art. 3º Cumpre ao Diretor de Relações com Investidores divulgar e comunicar à CVM e, se for o caso, à bolsa de valores e entidade do mercado de balcão organizado em que os valores mobiliários de emissão da companhia sejam admitidos à negociação, qualquer ato ou fato relevante ocorrido ou relacionado aos seus negócios, bem como zelar por sua ampla e imediata disseminação, simultaneamente em todos os mercados em que tais valores mobiliários sejam admitidos à negociação."

Definições da Instrução 358: Fatos Relevantes

Art. 2º Considera-se relevante, para os efeitos desta Instrução, qualquer decisão de acionista controlador, deliberação da assembléia geral ou dos órgãos de administração da companhia aberta, ou qualquer outro ato ou fato de caráter político-administrativo, técnico, negocial ou econômico-financeiro ocorrido ou relacionado aos seus negócios que possa influir de modo ponderável:

I – na cotação dos valores mobiliários de emissão da companhia aberta ou a eles referenciados;
II – na decisão dos investidores de comprar, vender ou manter aqueles valores mobiliários;
III – na decisão dos investidores de exercer quaisquer direitos inerentes à condição de titular de valores mobiliários emitidos pela companhia ou a eles referenciados."

Prazos: 15 dias ITR, DFP, IAN (1 mês pelo Novo Mercado)

Um ponto básico que inevitavelmente influi na cotação de um papel são os balanços e balancetes financeiros que as companhias são obrigadas a divulgar ao mercado. Por mais óbvio que possa parecer, sempre podem ocorrer surpresas e isso sempre influi no valor da ação, imediatamente ao ser divulgado. Pessoas de confiança que sabem de antemão quais os rumos do balanço, afinal são quem os elabora, devem se abster de negociar durante certo período. Seja qual balanço for, a influência sobre as cotações é certeira. Podendo surpreender ou confirmar, atenuando ou agravando circunstâncias.

"§ 4º Também é vedada a negociação pelas pessoas mencionadas no *caput* no período de 15 (quinze) dias anterior à divulgação das informações trimestrais (ITR) e anuais (DFP e IAN) da companhia."

Detentores de 5% e detalhamento de posições

Seguindo uma própria regra já bastante consagrada no Mercado norte-americano, deve ficar claro ao mercado e aos investidores quem têm mais de 5% de participação. Afinal, para saber como vai indo o xadrez societário, e evitar surpresas p. ex. na mudança de controle. Evitando-se que de repente apareça um acionista desconhecido indicando Conselheiros e influindo nos rumos da empresa. Em vista disso que a instrução CVM exige esclarecimentos acerca de objetivos e eventual existência de acordos de voto. Procurando-se assim respeitar o *disclosure* da empresa, para não criar insegurança aos outros acionistas e investidores.

"Art. 12. Os acionistas controladores, diretos ou indiretos, e os acionistas que elegerem membros do Conselho de Administração, bem como qualquer pessoa natural ou jurídica, ou grupo de pessoas, agindo em conjunto ou representando um mesmo interesse, que atingir participação, direta ou indireta, que corresponda a 5% (cinco por cento) ou mais de espécie ou classe de ações representativas do capital de companhia aberta, deve enviar à CVM e, se for o caso, à bolsa de valores e entidade do mercado de balcão organizado em que os valores mobiliários de emissão da companhia sejam admitidos à negociação, assim como divulgar, nos termos do art. 3o, declaração contendo as seguintes informações:

(...)

II – objetivo da participação e quantidade visada;

III – número de ações, bônus de subscrição, bem como de direitos de subscrição de ações e de opções de compra de ações, por espécie e classe, já detidos, direta ou indiretamente, pelo adquirente ou pessoa a ele ligada;

IV – número de debêntures conversíveis em ações, já detidas, direta ou indiretamente, pelo adquirente ou pessoa a ele ligada, explicitando a quantidade de ações objeto da possível conversão, por espécie e classe; e

V – indicação de qualquer acordo ou contrato regulando o exercício do direito de voto ou a compra e venda de valores mobiliários de emissão da companhia.

§ 1° Está igualmente obrigada à divulgação das mesmas informações a pessoa ou grupo de pessoas representando um mesmo interesse, titular de participação acionária igual ou superior ao percentual referido no *caput* deste artigo, a cada vez que a referida participação se eleve em 5% (cinco por cento) da espécie ou classe de ações representativas do capital social da companhia."

Participação acionária

Além de dar ciência ao mercado, informar oficialmente sua posição acionária é uma forma de atestar se houve oscilações em certos períodos ou não. O mercado e os investidores tiram suas próprias conclusões e assim podem acompanhar as ações dos controladores, que em última análise refletem seus interesses na Companhia, sendo meio de comprovar andamento normal das operações com valores da Companhia.

I. Posição de controladores

"Art. 116-A. O acionista controlador da companhia aberta e os acionistas, ou grupo de acionistas, que elegerem membro do conselho de administração ou membro do conselho fiscal, deverão informar imediatamente as modificações em sua posição acionária na companhia à Comissão de Valores Mobiliários e às Bolsas de Valores ou entidades do mercado de balcão organizado nas quais os valores mobiliários de emissão da companhia estejam admitidos à negociação, nas condições e na forma determinadas pela Comissão de Valores Mobiliários."

II. Posição dos Administradores

"§ 6º Os administradores da companhia aberta deverão informar imediatamente, nos termos e na forma determinados pela Comissão de Valores Mobiliários, a esta e às bolsas de valores ou entidades do mercado de balcão organizado nas quais os valores mobiliários de emissão da companhia estejam admitidos à negociação, as modificações em suas posições acionárias na companhia."

Sigilo e Risco à Companhia

Como diz o próprio bom senso, há informações que só podem criar celeuma desnecessária, sendo conveniente poupar a empresa. Muitas vezes situações insignificantes, que não se relacionam com os aspectos principais da empresa, podem criar desgaste que pode ser evitado. Há outras situações peculiares, que podem gerar significativa repercussão, e exigem cuidados próprios. Afinal, o espírito do *disclocure* com certeza não é o de prejudicar a empresa e criar embates fora de propósito, ou desgaste desnecessário. Mas cabe à CVM decidir pela adequação da divulgação de algum fato ou não.

"Art. 157, § 5º Os administradores poderão recusar-se a prestar a informação 1º, alínea "e", ou deixar de divulgá-la 4º, se entenderem que sua revelação porá em risco interesse legítimo da companhia, cabendo à Comissão de Valores Mobiliários, a pedido dos administradores, de qualquer acionista, ou por iniciativa própria, decidir sobre a prestação de informação e responsabilizar os administradores, se for o caso."

Vedação de Negociação

A regra clara contra o *insider trading* é a vedação de negociação, do momento que tenha conhecimento do fato relevante, até sua divulgação ampla ao mercado. Nesse ínterim é expressamente proibida a negociação, inevitavelmente enviesada, que constitui cerne do *insider trading*. São regras já bastante conhecidas, mas nos EUA há sempre casos e mais casos, condenados pela SEC, de negociações feitas por funcionários, com acesso à informação privilegiada.

"Art. 13. Antes da divulgação ao mercado de ato ou fato relevante ocorrido nos negócios da companhia, é vedada a negociação com valores mobiliários de sua emissão, ou a eles referenciados, pela própria companhia aberta, pelos acionistas controladores, diretos ou indiretos, diretores, membros do conselho de administração, do conselho fiscal e de quaisquer órgãos com funções técnicas ou consultivas, criados por disposição estatutária, ou por quem quer que, em virtude de seu cargo, função ou posição na companhia aberta, sua controladora, suas controladas ou coligadas, tenha conhecimento da informação relativa ao ato ou fato relevante."

São exemplos de ato ou fato potencialmente relevante, dentre outros, os seguintes:

"I – assinatura de acordo ou contrato de transferência do controle acionário da companhia, ainda que sob condição suspensiva ou resolutiva;

II – mudança no controle da companhia, inclusive através de celebração, alteração ou rescisão de acordo de acionistas;

III – celebração, alteração ou rescisão de acordo de acionistas em que a companhia seja parte ou interveniente, ou que tenha sido averbado no livro próprio da companhia;

IV – ingresso ou saída de sócio que mantenha, com a companhia, contrato ou colaboração operacional, financeira, tecnológica ou administrativa;

V – autorização para negociação dos valores mobiliários de emissão da companhia em qualquer mercado, nacional ou estrangeiro;

VI – decisão de promover o cancelamento de registro da companhia aberta;

VII – incorporação, fusão ou cisão envolvendo a companhia ou empresas ligadas;

VIII – transformação ou dissolução da companhia;

IX – mudança na composição do patrimônio da companhia;

X – mudança de critérios contábeis;

XI – renegociação de dívidas;

XII – aprovação de plano de outorga de opção de compra de ações;

XIII – alteração nos direitos e vantagens dos valores mobiliários emitidos pela companhia;

XIV – desdobramento ou grupamento de ações ou atribuição de bonificação;

XV – aquisição de ações da companhia para permanência em tesouraria ou cancelamento, e alienação de ações assim adquiridas;

XVI – lucro ou prejuízo da companhia e a atribuição de proventos em dinheiro;

XVII – celebração ou extinção de contrato, ou o insucesso na sua realização, quando a expectativa de concretização for de conhecimento público;

XVIII – aprovação, alteração ou desistência de projeto ou atraso em sua implantação;

XIX – início, retomada ou paralisação da fabricação ou comercialização de produto ou da prestação de serviço;

XX – descoberta, mudança ou desenvolvimento de tecnologia ou de recursos da companhia;

XXI – modificação de projeções divulgadas pela companhia;

XXII – impetração de concordata, requerimento ou confissão de falência ou propositura de ação judicial que possa vir a afetar a situação econômico-financeira da companhia."

10

Direito de Preferência de Subscrição de Ações

Direitos Básicos na Lei das Sociedades por Ações

O direito de preferência de subscrição de ações é aspecto importante que diz respeito ao equilíbrio societário na empresa. Vez que, freqüentemente, 10% de ações podem significar em alguns casos garantia de indicação de membro do Conselho de Administração. Evidente que a composição e distribuição do capital social é espelho do equilíbrio de poder dentro da Sociedade por Ações. Considerando que há diversos quóruns para decisão de diversas matérias, é crucial a posição que cada acionista detém. Mesmo para a formação de bloco de controle, com acionistas que, juntos, combinando suas participações, exercem o controle da empresa ao votar em conjunto.

O art. 171 abaixo, da Lei 6.404, assegura justamente meios para que os acionistas possam manter suas posições acionárias. Cada vez que se aumenta o capital social, com emissão de ações, pode-se alterar o quadro societário. Para permitir a manutenção de suas porcentagens é que a Lei assegura o direito de preferência. Sendo mecanismo voltado para permitir a participação de cada sócio na empresa, e conseqüentemente sua influência. Em outras palavras, significa que se um acionista deixar de exercer sempre seu direito de preferência, e houver aumentos de capital, terá sua participação diluída no capital social. Isto é, se não tomar providências para manter proporcionalmente sua participação, não comprando mais ações da empresa, por exemplo. Vejamos o que diz o art. 171:

"Art. 171. Na proporção do número de ações que possuírem, os acionistas terão preferência para a subscrição do aumento de capital.

§ 1º Se o capital for dividido em ações de diversas espécies ou classes e o aumento for feito por emissão de mais de uma espécie ou classe, observar-se-ão as seguintes normas:

a) no caso de aumento, na mesma proporção, do número de ações de todas as espécies e classes existentes, cada acionista exercerá o direito de preferência sobre ações idênticas às de que for possuidor;
b) se as ações emitidas forem de espécies e classes existentes, mas importarem alteração das respectivas proporções no capital social, a preferência será exercida sobre ações de espécies e classes idênticas às de que forem possuidores os acionistas, somente se estendendo às demais se aquelas forem insuficientes para lhes assegurar, no capital aumentado, a mesma proporção que tinham no capital antes do aumento;
c) se houver emissão de ações de espécie ou classe diversa das existentes, cada acionista exercerá a preferência, na proporção do número de ações que possuir, sobre ações de todas as espécies e classes do aumento.

§ 2º No aumento mediante capitalização de créditos ou subscrição em bens, será sempre assegurado aos acionistas o direito de preferência e, se for o caso, as importâncias por eles pagas serão entregues ao titular do crédito a ser capitalizado ou do bem a ser incorporado.

§ 3º Os acionistas terão direito de preferência para subscrição das emissões de debêntures conversíveis em ações, bônus de subscrição e partes beneficiárias conversíveis em ações emitidas para alienação onerosa; mas na conversão desses títulos em ações, ou na outorga e no exercício de opção de compra de ações, não haverá direito de preferência.

§ 4º O estatuto ou a assembléia geral fixará prazo de decadência, não inferior a trinta dias, para o exercício do direito de preferência.

§ 5º No usufruto e no fideicomisso, o direito de preferência, quando não exercido pelo acionista até dez dias antes do vencimento do prazo, poderá sê-lo pelo usufrutuário ou fideicomissário.

§ 6º O acionista poderá ceder seu direito de preferência.

§ 7º Na companhia aberta, o órgão que deliberar sobre a emissão mediante subscrição particular deverá dispor sobre as sobras de valores mobiliários não subscritos, podendo:

a) mandar vendê-las em bolsa, em benefício da companhia; ou
b) rateá-las, na proporção dos valores subscritos, entre os acionistas que tiverem pedido, no boletim ou lista de subscrição, reserva de sobras; nesse caso, a condição constará dos boletins e listas de subscrição e o saldo não rateado será vendido em bolsa, nos termos da alínea anterior.

§ 8º Na companhia fechada, será obrigatório o rateio previsto na alínea "b" do § 7º, podendo o saldo, se houver, ser subscrito por terceiros, de acordo com os critérios estabelecidos pela assembléia geral ou pelos órgãos da administração."

Exclusão de Direito de Preferência – Fusões e Aquisições – M&A

Nos casos específicos de fusões e aquisições há regra sobre o direito de preferência. No caso de oferta pública para compra de ações, pode-se retirar a possibilidade de direito de preferência. Já que o direito de preferência é mecanismo próprio apenas para manutenção de participação societária. Ao contrário, o cerne desse tipo de oferta é apenas fazer a emissão para possibilitar a troca de ações da empresa incorporada por ações da empresa incorporadora. Trata-se de troca de ações de uma empresa por ações de outra empresa, geralmente da empresa comprada por ações da compradora. Fica claro que isso é bastante diferente da hipótese de se defender a manutenção de participação societária, por aumento de capital, sem relação alguma com ofertas de aquisição de empresa.

Lei 10.303

"Art. 172. O estatuto da companhia aberta que contiver autorização para o aumento do capital pode prever a emissão, sem direito de preferência para os antigos acionistas, ou com redução do prazo de que trata o § 4º do art. 171, de ações e debêntures conversíveis em ações, ou bônus de subscrição, cuja colocação seja feita mediante:

(...)

II – permuta por ações, em oferta pública de aquisição de controle, nos termos dos arts. 257 e 263."

Acordo de Acionistas e Direito de Preferência

Nos Acordos de Acionistas há exaustivas cláusulas sobre direito de preferência. Sempre sendo ponto de grande discussão. Pois normalmente diz respeito ao controle da empresa, ou mesmo sobre o bloqueio da entrada de novos sócios. Em específico nesses acordos, há disposições que disciplinam o direito de preferência dos outros sócios da empresa de comprar participação de acionista que esteja saindo da sociedade. Fazendo-se assim a oferta de ações aos outros acionistas, antes de ofertar a quaisquer interessados.

Lei 10.303

"Art. 118. Os acordos de acionistas, sobre a compra e venda de suas ações, preferência para adquiri-las, exercício do direito a voto, ou do poder de controle deverão ser observados pela companhia quando arquivados na sua sede."

Direito de preferência em outras espécies de ações – específico para atender equação do capital social

Lei 10.303

O art. 172, b, prevê que a preferência será em subscrever ações de mesmo tipo. Entretanto, caso não haja emissão de valores mobiliários de sua mesma classe ou espécie, será assegurada a subscrição na outra classe ou espécie, para que seja assegurada sua proporção no capital social da empresa. Assim, poderá vir a continuar seu peso na equação do capital social da empresa. No qual é computada a soma total de ações de todas as espécies e classes emitidas pela empresa.

11

As Sociedades Limitadas no Novo Código Civil

Origem

As épocas de surgimento da Lei das Sociedades por Quotas de Responsabilidade Limitada – Decreto 3.078 – e a Lei das Sociedades Anônimas – Lei 6.404 – (agora Nova Lei das S.A. 10.303) são completamente diferentes. Embora tratem de assunto similar, constituição de sociedades para atuar num universo jurídico, o escopo tem suas especificidades. A antiga lei das sociedades limitadas tinha pouquíssimos artigos. E não o era por acaso. A idéia era justamente criar um tipo societário que atendesse à principal demanda no universo de relações obrigacionais: limitar a responsabilidade dos sócios. Já que as sociedades de pessoas caracterizam-se justamente pela pessoalidade e conseqüente responsabilidade sem limites. Sendo um conceito amplamente aceito pelo mundo todo, e que também foi abrigado aqui em nosso país.

Pela sua simplicidade e adequação, é que esse tipo societário é, disparado, o mais comum no Brasil. Tal o sucesso de seus princípios, fundamentos e conceito. Causou preocupação geral quando o legislador resolveu alterar um tipo societário que já vinha funcionando muito bem. De grande versatilidade, e em vista disso sendo utilizado nos mais diversos ramos de atividades econômicas ou não.

Já a Sociedade Anônima tem outros pressupostos e fundamentos. Evoluiu bastante na época das Companhias de Comércio das jornadas ultramarinas. Utiliza-se desse princípio básico da limitação da responsabilidade dos sócios. Entretanto, a finalidade da organização de uma corporação é a aglutinação e coordenação de capital. De forma racional, para que os mais diversos tipos de pessoas possam investir, e ter direitos proporcionalmente. A estrutura da Sociedade Anônima permite lidar com gigantescos volumes de recursos de investidores. Foi a saída jurídica e econômica encontrada pelo mercado para fazer frente aos Megaempreendimentos.

Empresas Familiares e Médias Empresas

A maior vantagem das sociedades limitadas sempre foi devido à sua simplicidade e implicações burocráticas. Uma inovação que a lei trouxe foi a possibilidade de atender a casos específicos de médias empresas. Ao invés do antes binário Decreto 3.078 ou da Lei 6.404, agora se ajusta ao caso concreto.

Claro que toda a idéia em torno da Nova Lei é adequar a sociedade às suas características peculiares. Visto ser aparente contradição uma mesma Lei abranger sociedades familiares e também complexas empresas, faz sentido uma gradação, permitindo que as empresas menores tenham uma estrutura jurídica menor, e por sua vez as médias e maiores tenham estrutura mais apurada. Já que não faz o menor sentido falar em Conselho Fiscal, Conselho de Administração, Acordo de Quotistas, para muitas sociedades de cunho familiar. Lógico que caso essa mesma sociedade familiar cresça, aí sim surge a necessidade de criar mecanismos mais complexos que regulem as relações entre os sócios.

Quórum

O novo Código Civil estabelece quórum de deliberação para certas matérias.

- unanimidade para:
  - designação de administrador que não seja sócio, se o capital social não estiver integralizado (art. 1.061).

- votos de pelo menos três quartos do capital social para:
  - modificação do contrato social;
  - incorporação, fusão ou dissolução da sociedade, ou a cessação do estado de liquidação;

- dois terços do capital social para:
  - designação de administradores não sócios, se o capital social estiver integralizado (art. 1.061);
  - destituição de administrador que seja sócio, salvo disposição contratual em sentido diverso (art. 1.063, § 1º).

- mais da metade do capital social para:
  - modo de remuneração dos administradores, quando não estabelecido no contrato (se estiver estabelecido no contrato, será necessário alterar o contrato, hipótese em que serão exigíveis três quartos do capital social);
  - o pedido de concordata.

"Art. 1.076. Ressalvado o disposto no art. 1.061 e no § 1º do art. 1.063, as deliberações dos sócios serão tomadas: III – pela maioria de votos dos presentes, nos demais casos previstos na lei ou no contrato, se este não exigir maioria mais elevada."

Exemplos de Regras de Praticidade

Na prática, a convocação segue uma burocracia dispensável, ainda mais numa era de Revolução das Telecomunicações. É um mínimo razoável dispensar formalidades, quando todos por escrito já decidiram em torno de algo. É uma praticidade que veio no art. 1.072.

§ 2º Dispensam-se as formalidades de convocação previstas no § 3º do art. 1.152, quando todos os sócios comparecerem ou se declararem, por escrito, cientes do local, data, hora e ordem do dia.

§ 3º A reunião ou a assembléia tornam-se dispensáveis quando todos os sócios decidirem, por escrito, sobre a matéria que seria objeto delas.

Minoritários

Numa época de debates acalorados em defesa dos minoritários, não poderiam faltar algumas regras específicas de tutela de seus direitos.

"Art. 1.057. Na omissão do contrato, o sócio pode ceder sua quota, total ou parcialmente, a quem seja sócio, independentemente de audiência dos outros, ou a estranho, se não houver oposição de titulares de mais de um quarto do capital social.

Art. 1.066, § 2º É assegurado aos sócios minoritários, que representarem pelo menos um quinto do capital social, o direito de eleger, separadamente, um dos membros do conselho fiscal e o respectivo suplente.

O art. 1.057 nitidamente dá ao minoritário poder de bloqueio na transferência de quotas. O art. 1.066 dá aos minoritários o direito de eleger representante, com finalidade de participar e influir nos rumos da empresa."

Também atento à marola criada por alguns minoritários, há regra rígida que dispõe sobre sua exclusão. Afinal uma coisa são minoritários que contribuem de fato com a empresa, outra são minoritários que se lastreiam em sua fraqueza para assim ter papel preponderante que não lhes cabe. Certo que existe uma era de proteção contra parte mais fraca da empresa, mas isso jamais pode escapar ao razoável. O problema é a jurisprudência amadurecer e definir os tais atos de gravidade, por ser amplo o espectro de atitudes que podem ter até dúbia conotação. Mas decerto é recurso contra eventuais excessos descabidos de Minoritários.

"Art. 1.085. Ressalvado o disposto no art. 1.030, quando a maioria dos sócios, representativa de mais da metade do capital social, entender que um ou mais sócios estão pondo em risco a continuidade da empresa, em virtude de atos de inegável gravidade, poderá excluí-los da sociedade, mediante alteração do contrato social, desde que prevista a exclusão por justa causa.

Parágrafo único. A exclusão somente poderá ser determinada em reunião ou assembléia especialmente convocada para esse fim, ciente o acusado em tempo hábil para permitir seu comparecimento e o exercício do direito de defesa."

Direito de Retirada

Uma regra consagrada na Lei das S.A. foi incorporada às Sociedades Limitadas, no que tange ao direito de retirada. Garante que, decorrente de mudanças sensíveis na sociedade, os sócios discordantes possam sair. Obtendo proporcionalmente o que de direito lhes cabe. Regra bastante aplicada, visto serem muito dinâmicas as relações empresarias, que nem sempre ocorrem de forma unânime. Espera-se apenas que tais procedimentos não sejam seguidos de toda excessiva parafernália contábil e de complicadores característicos que emperram o societário de muitas Sociedades Anônimas. Tornando-se casos intrincados na justiça, de solução grave e difícil.

"Art. 1.077. Quando houver modificação do contrato, fusão da sociedade, incorporação de outra, ou dela por outra, terá o sócio que dissentiu o direito de retirar-se da sociedade, nos trinta dias subseqüentes à reunião, aplicando-se, no silêncio do contrato social antes vigente, o disposto no art. 1.031."

Responsabilidade e Desconsideração da Personalidade Jurídica

De qualquer forma vale lembrar o caso de desconsideração da personalidade jurídica, regra já consagrada no nosso ordenamento. Nos casos de comprovada fraude, no exercício de atos de gestão da empresa, a responsabilidade recai sobre a pessoa. É no âmbito penal que se supera a regra da responsabilidade limitada dos sócios. A própria legislação anterior já previa isso: o fim de proteção da limitação de responsabilidade para atingir a própria pessoa do sócio.

Na Lei Nova, há menção expressa de Responsabilidade Ilimitada aos que aprovaram as medidas que infringem Lei ou Contrato.

"Art. 1.080. As deliberações infringentes do contrato ou da lei tornam ilimitada a responsabilidade dos que expressamente as aprovaram."

Insegurança

Há muita incerteza em torno da Nova Lei e muitas controvérsias, visto que ainda terá de amadurecer nos tribunais. Afinal as mudanças são amplas e vêm na esteira da Nova Lei das S.A., à qual as empresas também estão se adaptando.

Significam amplas mudanças. O problema todo é que traz muitas novidades com forma não prevista na Lei das S.A., as quais ainda não se sabem os efeitos e funcionalidade. No fundo procura-se adequar sociedades médias, mas complexas, antes ao abrigo de legislação simples e aberta demais como o era o Decreto 3.078; mas que até amadurecer comercialmente, vão gerar incertezas em todo universo societário.

Quórum Deliberação

- totalidade do capital social se não integralizado,
  - para nomear administradores
  - transformação da forma societária art. 1114
- 3/4 do capital social
  - modificação do contrato social art. 1076
  - deliberação sobre aumento de capital
  - incorporação, fusão, cisão, cessação do estado de liquidação art. 1076
  - pedido de instituição de Conselho Fiscal art. 1066
  - para nomear administradores, na hipótese de alteração do contrato social art 1076

- 2/3 do capital social
  - se estiver integralizado, para nomear administradores
  - destituição de administrador que não seja sócio art 1063
- maioria simples
  - demais deliberações
  - exclusão de sócio, em reunião ou assembléia assegurada ampla defesa "affectio societates" art. 1085
  - destituição de administradores art. 1063
- 25 % do capital social para opor cessão de quotas a terceiros art. 1.057
- 20 % do capital social minoritários detentores podem eleger conselheiro

12

Dez Motivos que fazem as Ações subirem

QUANDO SE FALA EM Bolsa de Valores, a questão que fica é: como ganhar neste Mercado? Não existe uma fórmula feita e infalível. São situações e situações que podem ocorrer. Evidente que prever quando uma ação vai subir é muito mais difícil que prever sua queda. Fora o que, geralmente as ações sobem de cotação gradualmente, enquanto sua queda pode ser abrupta. Mas vejamos alguns fatos que pesam:

1. Desempenho da empresa – resultado igual ou maior do que o projetado
2. Boa administração financeira da tesouraria
3. Investimentos e aportes de capital
4. Fusões e aquisições
5. Vitória em licitação, p.ex.
6. Subsídios governamentais
7. Fechamento de contratos e parcerias
8. Perspectivas do setor de atuação
9. Conquista de espaço no Mercado
10. Reserva de Mercado

Nos Estados Unidos, as projeções têm papel forte nas cotações, em dado momento. Os analistas fazem projeções de resultados em que especificam bastante as perspectivas da empresa. É comum ver análises projetando x de resultados e y de dividendos. Durante a divulgação de *press releases*, há grande expectativa em torno de números, e se a empresa vai estar acima ou abaixo do previsto. Em todo o caso, com maior especificidade nos EUA, quando a empresa caminha para atingir ou ultrapassar suas metas, a cotação mantém a valorização, que na maioria das vezes é antecipada pelo Mercado, antes dos Balanços e Balancetes.

A vida financeira é crucial, se há investimentos previstos ou não, e como será feito. É nevrálgico como a empresa administra suas dívidas. Se a tesouraria utiliza-se de estratégia bem-sucedida, permitirá, em colaboração com bons resultados, que a empresa tenha lucro e ainda consiga pagar seus empréstimos. Se conseguir capital a um custo bom, terá mais chances de atingir um *break-even* financeiro, e assim atingir suas metas.

Há ainda as operações de fusões e aquisições que têm sua lógica incisiva sobre o valor das ações das empresas envolvidas. É um exemplo clássico de *insider trading* em que, sabendo de operação em vista, investe-se tendo como certeira e calculada a oscilação do papel. Caracterizou os graves escândalos financeiros da década de 80 nos EUA.

Outro aspecto-chave é a própria legislação empresarial que cerca a empresa. Uma lei que influa na atividade econômica pode decidir o futuro da empresa. Ganhar uma licitação também pode indicar um espaço certeiro de atuação, ainda mais por referir-se a prestação de serviços essenciais, em geral. Dependendo do caso pode significar um mercado de forte demanda e grandes chances de crescimento. Fora os subsídios e programas de incentivos do governo, que dão fôlego extra para as empresas poderem crescer. Todos aspectos que podem sinalizar ótimas perspectivas para as empresas envolvidas.

As parcerias estratégicas são outro fator que podem turbinar o desempenho da empresa. Dependendo da sinergia, permitem conquista de mercado com maior velocidade. Podem ter amplo peso nos resultados financeiros, mesmo porque, em alguns casos, permite-se agregar mutuamente o espaço já conquistado no mercado.

Mas, sem dúvida, a política econômica influi, e bastante. Basta ver o milagre das empresas exportadoras quando há desvalorização cambial. Ou o inverso, com as importadoras, quando há a valorização cambial. Um movimento do governo e, da noite para o dia, pode-se mudar todo um quadro econômico da empresa.

Exceções à parte, a valorização do papel de uma empresa geralmente está associada ao seu desempenho. Ao seu trabalho bem-feito, consistente, que permite a empresa crescer e conquistar mais espaço. Nesse sentido, a valorização é gradual, mas ancorada em sucessivos resultados promissores e boa performance no seu setor.

13

Dez motivos que fazem as ações caírem

O MERCADO DE AÇÕES para muitos é pura emoção e instinto. Dizem isso em parte com razão, porque o ativo mais importante, quando se fala em papéis, é credibilidade. Que se traduz em confiança, bom nome, e em linguagem financeira, solvabilidade e saúde financeira. Confiança é um ativo totalmente abstrato e que varia de acordo com os mais diversos fatores, muitas vezes completamente imprevisíveis. Visto assim, a lógica da Bolsa de Valores seria uma lógica de puro instinto.

Entretanto, não é tudo assim. Há razões e razões, e nem tudo é por acaso. Citamos a seguir pelo menos 10 fatos que com certeza derrubam a cotação das ações. Vejamos:

1. Fraudes financeiras, contábeis, administrativas
2. Divulgação de balanço e balancetes ruins
3. Resultados abaixo das projeções esperadas
4. Perda de ações judiciais
5. Passivos trabalhistas
6. Passivos tributários
7. Dificuldades ante mudanças na legislação da área de atuação da empresa
8. Fim de parcerias comerciais
9. Crise geral da economia

10. Política inadequada de endividamento, p.ex., com alta alavancagem

Parece óbvio, e é evidente mesmo, mas sempre num oceano de notícias, tudo que parece importar são as crises gerais da economia. Lógico que há fatores que afetam as empresas como um todo. Aliás, às vezes não se restringem a algumas empresas de certo setor, mas a todo o Mercado Financeiro, que vai além do Mercado de Ações. São situações que dispensam maiores explicações. Claro que, se um país enfrenta alguma crise, a chance disso se refletir nas empresas deste país é razoável.

Entretanto, existem outras situações que são particulares. Sem sombra de dúvida, na hora em que são descobertas, derrubam os papéis mesmo. São circunstâncias tratadas com muito cuidado e perante as quais há muito cuidado com a divulgação da informação.

Um caso bastante ilustrativo é o das fraudes. Quando vêm à tona, não só derrubam as ações da empresa, como afetam todo o funcionamento da corporação em si, e podem ter gravíssimas conseqüências. Quanto pior, mais difícil contornar o mal-estar geral. Mas não precisam ocorrer necessariamente casos extremos. Uma pequena fraude é suficiente para afetar a cotação do papel. Que diria então os balanços oficiais e balancetes ruins que sem dúvida afundam uma cotação. Interessante que tudo ocorre mesmo, a oscilação do papel, no momento que o mercado se dá conta. É devido a isso que por vezes a cotação do papel já vai caindo dias antes da publicação do balanço, já antecipando os fatos.

A parte jurídica também pesa bastante. Alguns investidores estrangeiros se cercam de *experts* para saber como enfrentar todo o universo jurídico em torno da empresa. Desde ações judiciais, que podem cobrar milhões de indenização por perdas e danos, até passivos fiscais e trabalhistas. Diria o empresário que faz parte da empreitada. Só que tem um peso considerável nas contas de toda empresa, e que obviamente vão influir decisivamente no seu desempenho. Vez que geralmente se referem a valores astronômicos. Tranqüilamente derrubam uma empresa e, dependendo do caso, podem acontecer de forma até meio imprevista. Quando vêm à público a ocorrência dessas situações, investir nessa empresa pode deixar de ser bom negócio. Isso fora as legislações de cada atividade econômica, que podem mudar todo um quadro de uma hora para outra, favorecendo ou desfavorecendo empresas.

Outro fator são as parcerias comerciais. Há diversas associações que são boas apenas para uma das partes, e que garantem retorno bom apenas para um dos parceiros. Muitas vezes com razoável peso no desempenho comercial. Se encerrada a parceria ou associação, inevitavelmente isso trará suas conseqüências. Um exemplo é a dependência de tecnologia, se a empresa ficar órfã de uma provedora de tecnologia, as repercussões em toda sua estratégia empresarial são consideráveis.

Dentre outros vetores, há ainda a estratégia de investimentos e a pressão sobre o fluxo de caixa. Algumas empresas se endividam demais para crescer à todo custo. Alavancam bem e isso pressiona bem sua tesouraria. Se o retorno não superar o valor dos juros, por melhor que seja o desempenho da empresa, poderá estar aquém do necessário à sua sobrevivência. Claro que isso acaba refletindo também nas ações da empresa.

São diversos os fatores. O que acontece é que muitas vezes o mercado vai antecipando uma performance antes da informação oficial. Decerto são circunstâncias que, quando ocorrem, influem na cotação do papel. Se procedentes, variam apenas em relação ao momento que o mercado toma conhecimento.

14

O Novo Mercado e os Controladores e Administradores

É NÍTIDO O RECEIO de existir privilégio em favor dos Controladores e dos Administradores da companhia. Nos Estados Unidos, eles são vistos como *insiders* naturais, pois têm informações e dados direto da fonte, e são tratados como um caso especial. Seguindo esta tendência, o Novo Mercado estabelece diversas regras especialmente para evitar favorecimento. Afinal, se é impossível uma igualdade de condições na hora de analisar um investimento, há que se diminuir eventuais vantagens existentes.

Por exemplo, o Novo Mercado estabelece que o Controlador e os Administradores não poderão comercializar ações da empresa durante uma quarentena de seis meses e, depois de seis meses, não poderão vender mais de 40% do que possuem. O que se quer defender aí é o compromisso com a empresa, e não simplesmente numa operação. Exige-se aí uma atitude dos Controladores e Administradores, de governar o negócio dentro de um horizonte, nítido também para os investidores E que deve transcender a momentos de altas e baixas do negócio refletido no valor das ações.

Em vista disso é que há regras incorporadas do Mercado Norte-Americano, em que os Controladores e Administradores devem informar suas posições. Quaisquer mudanças devem ser comunicadas à Bovespa, mesmo de derivativos. Inclusive de cônjuge, companheiro(a) e dependentes. Mais importante, durante o período de publicação de balanços, não poderão negociar valores da referida empresa. Para completar, a proibição de negociar títulos e ações da empresa inclui o período de decisões sobre dividendos, emissão de ações e seus derivativos. Tudo com clara intenção de evitar ganhos ou operações em situação de vantagem em momentos cruciais.

Nesta mesma esteira, seguindo regra já consolidada no Mercado de Capitais dos EUA, os detentores de mais de 5% do capital social devem ter tal posição revelada.

Isso para não citar que, dentre as mudanças da Nova Lei das S.A., há obrigatoriedade de Acionistas Controladores, que elegem Conselheiros, de informar mudanças nas posições acionárias. No sentido de se buscar um jogo claro do equilíbrio entre os Acionistas. A lei exige aí um mínimo para que fiquem mais claros os parâmetros do tabuleiro societário. Com iniciativas assim é que se busca conquistar o receoso investidor, através de mais *disclosure*, indispensável ao entrar em qualquer investimento.

15

Derivativos e Opções: Turbinando seus lucros ou multiplicando prejuízos

O MERCADO DE DERIVATIVOS é um capítulo especial do mercado financeiro. Onde com pouco capital pode-se multiplicar o giro das operações. O conceito é bastante simples, e funciona com a chamada margem. Através do pagamento de uma margem de valor, compra-se o "direito de vender ou comprar" ações ou qualquer outro ativo, por um preço predeterminado. Por exemplo, ao invés de comprar R$ 100.000,00 no mercado à vista, em ações de uma empresa, pode-se comprar opções dela. Por exemplo, por R$ 5.000,00 compra-se o "direito de comprar" as referidas ações por um preço x durante um prazo y.

Passo por passo:

1. o investidor acha que a ação de certa empresa vai se valorizar. Nesse quadro, pode comprar ações dela ou comprar opções.
2. pode comprar por exemplo R$ 100.000,00 em ações diretamente, ou adquirir o direito de comprar essas ações por preço x num prazo y.
3. se durante esse prazo a ação se valoriza, ele compra estas ações mais barato. Se o preço cai, ele apenas deixa de comprar.

Onde está o risco nisso?

Pode ocorrer de a pessoa ter plena convicção acerca do preço de algum bem no futuro. Vamos supor o dólar. É muito comum contrato desse tipo, em que todos querem se resguardar de riscos. Pode ocorrer de um investidor ter certeza de que o dólar vai permanecer na cotação de R$ 2,40. Certo de que não vai haver mudanças, pode vender contratos para empresas que desconfiam da estabilidade da cotação.

Por exemplo, as empresas que buscam *hedge* podem depositar uma margem de R$ 10.000,00, para poder comprar R$ 200.000,00 em dólares na cotação R$ 2,40. Problema ocorre caso a cotação suba para R$ 2,80, já que o banco poderá ter dificuldades para vender aquela quantidade de dólares por aquele preço. No lado da empresa é o contrário, se houver essa desvalorização para R$ 2,80, poderá tomar emprestado capital para comprar dólares por R$ 2,40 e vender depois por R$ 2,80, tendo lucro dessa diferença. Esse breve exemplo ilustra bem o quadro de risco dos dois lados. Nesse exemplo, quem sai perdendo é o banco.

PRÓS	CONTRAS
com pouco capital é possível girar bem mais capital	aumenta bem mais o risco, veja o caso do Barings em que um operador quebrou o banco
permite proteger contra riscos - hedge	o risco existe para quem teve a previsão errada
ganhos muito maiores, se houver	as perdas também são maiores e há dificuldades em cumprir compromissos assumidos
permite operar com todos os tipos de ativos, por exemplo, ações, ouro, títulos do governo, títulos de empresas, quotas	cada tipo de investimento tem suas instabilidades, mas numa crise tudo é contaminado

PRÓS	CONTRAS
teoricamente, um bom operador de mercado futuro que sempre aposta certo, vai ganhar muito mais que o operador de mercado à vista	os riscos são multiplicados
muito utilizado para se proteger contra uma desvalorização do câmbio, por muitas empresas que exportam e importam.	tem custo alto, visto que os contratos são de milhões, mas é altamente recomendável.

16

Aumento de Capital com Incorporação de Empresas

NAS OPERAÇÕES DE FUSÕES e aquisições e reorganização societária, geralmente há um aumento de capital. A forma como tais operações são realizadas é bem variada. Mas em boa parte dos casos há utilização estratégica de ações para tornar possível a operação. Muita discussão acaba girando em torno do valor das empresas, e do valor de suas ações, tanto da Incorporada como da Incorporadora. É um processo bastante interessante, que, para fins de marketing, geralmente fala-se em fusão. Mas na realidade o que ocorre muitas vezes é uma companhia comprar a outra e pagar com ações. De forma genérica e bem simplista, existem as seguinte etapas:

- Deliberação do Conselho de Administração das empresas – cúpula de controle.
- Aprovação via Assembléia Geral de Acionistas das empresas.
- Auditoria e Cálculo do valor patrimonial das empresas – valor das ações.
- Cálculo do valor para reembolso de acionistas desistentes.
- Uma empresa incorpora a outra – mudança do contrato social.

- Aumento de capital social e geralmente inclusão dos sócios da empresa Incorporada.

Assim, de forma geral, calcula-se o valor dos ativos – bens da empresa que vai ser incorporada, através de *due diligence* e balanço de auditoria. Traz-se esse patrimônio para dentro da empresa compradora. Em contrapartida a essa entrada de novos bens – ativos – emitem-se ações. Papéis esses que têm, entre outras finalidades: pagar a aquisição ou trocar pelos antigos papéis da empresa que foi comprada.

Resumindo, incorporam-se os bens na empresa compradora, e os acionistas da empresa que foi comprada serão acionistas da empresa que sobrou da fusão. Interessante nesse processo é o valor de troca das ações. Aspecto crucial e de muita divergência. São processos bem polêmicos, pois entre outros casos:

1. Pode ocorrer diluição de capital: aumenta-se o número de ações e quem não adquire mais papéis pode ter diminuída sua porcentagem de participação e de controle na empresa.
2. Troca indevida: relação de troca com desvantagem de um papel em relação ao outro.
3. Valor insuficiente de reembolso: critério desvantajoso para cálculo de valor de reembolso.
4. Depreciação do valor das ações: se a empresa compradora assumir muitos passivos.

Há uma série de movimentos, a se observar. Acompanhamento possível através de análise dos balanços das empresas e documentos societários e financeiros publicados nos jornais.

17

Securitização: Novas garantias de empréstimos

ULTIMAMENTE TÊM CRESCIDO AS discussões sobre securitização. Em todos os sentidos, e para alavancar todos os tipos de negócios. Isso para não dizer que foi um ponto-chave em todo processo de privatização do setor elétrico no Brasil.

Mas afinal o que é securitização?

Grosso modo, securitização consiste em contrair novos empréstimos e efetuar investimentos, com base em garantias de créditos a receber. Por exemplo, no caso das elétricas, é notório que o consumo de energia não vai parar da noite para o dia. Isto é, não vai parar nem hoje nem amanhã, e seu fornecimento é indispensável, da mesma forma que seu consumo. Com base nisso, nesses créditos que as elétricas irão certamente receber pelo consumo de energia em 5, 10 anos é que se contraem novas dívidas, para efetuar novos investimentos. As companhias de água são outro bom exemplo disso. Toda empresa precisa de dinheiro, com a securitização, ao invés de garantir só com Notas Promissórias ou hipoteca, garante-se com créditos futuros, a receber.

Isso é só para ter uma idéia do alcance e utilidade do conceito. Mas pode ser utilizado nos mais diversos tipos de operações. Por exemplo, fala-se em securitizar exportações. Empresas sólidas como as mineradoras e mesmo a Embraer possuem contratos de fornecimento de larga escala e alguns de longo prazo. São créditos de venda certeira que vão gerar lucros ainda que daqui a alguns anos. Como é dinheiro que vai entrar no caixa, pode-se tomar empréstimos garantidos por este dinheiro que vai entrar no futuro, por exemplo.

Como funciona isso no mercado imobiliário?

É conhecida a imobilização de ativos no mercado imobiliário. Uma nova modalidade de empréstimos que poderá turbinar esse mercado são os recebíveis imobiliários. O conceito é igual: tomar empréstimos garantidos por créditos a receber. No caso, as incorporadoras e os bancos possuem carteira com créditos a receber de financiamentos que concedem. Esses créditos são os recebíveis, oriundos, por exemplo, de pagamentos a receber de apartamentos financiados em 100 vezes. Com base nesses créditos a receber, os recebíveis, que são considerados "dinheiro certo" que vai entrar, toma-se dinheiro emprestado em larga escala.

Onde fica o mercado de capitais nisso?

Pois é, o mercado de capitais aparece porque geralmente todas essas operações são de atacado. Isto é, envolvem grande volume de dinheiro, geralmente mais de R$ 100.000.000,00 (cem milhões de reais). Bom, é aí que entra em cena a CVM, que policia todo o Mercado de Capitais. Como? Todas essas operações precisam ter registro na CVM. Papel desempenhado por bancos de investimento e escritórios de advocacia especializados em *corporate banking* e *due diligence*. Para citar exemplos, algumas elétricas e alguns fundos imobiliários que fizeram operações com securitização tiveram de passar pelo crivo da CVM.

Por que o assunto é bastante comentado hoje?

São os mais diversos fatores, mas evidente que todas as empresas precisam de muito capital. Lógico que quem empresta quer boas garantias. Com esgotamento de hipotecas, garantia fiduciária, aval, etc., há necessidade de novos mecanismos. Neste contexto surge a securitização. Carrega um ar de complexidade em relação a conceitos básicos de mercado de capitais. Mas com o tempo, dizem os analistas que se tornarão mais e mais comuns no Brasil, assim como já é tratado com bastante naturalidade no exterior.

18

Securitização de Recebíveis Imobiliários: Aspectos Básicos*

Desafio do setor imobiliário

O maior desafio enfrentado pelo setor imobiliário sempre foi a sua imobilização de ativos, o que criava sempre um engessamento de investimentos. Por outro lado, é bastante reconhecida a grande dificuldade de executar garantias imobiliárias como a hipoteca, em que, geralmente no caso das obras financiadas, em eventual inadimplemento das obrigações, a execução dos devedores era bastante demorada na justiça. É conhecida também a falta de liquidez no setor imobiliário, em que nem sempre é fácil e rápida a compra e venda de imóveis.

Em decorrência disso os investimentos no setor imobiliário sempre foram vistos com ressalvas. Já que, ao investir em imóveis, o capital ficava praticamente imobilizado. Na prática os investimentos na área imobiliária funcionavam como grandes financiamentos. Em que o investidor que financiava a obra recebia o valor financiado aos poucos. E em caso de eventual inadimplemento, por parte dos financiados, encarecia-se ainda mais os financiamentos. Visto assim, do ponto em vista do mercado financeiro, não era um negócio muito atrativo.

---

*. Artigo escrito durante a recessão da NASDAQ 2000/2002

Com a Lei 9.514/97, veio o sistema financeiro imobiliário, SFI, em que a principal novidade para que vingasse no país foi o sistema de garantia adotada, ou seja, alienação fiduciária. Este instituto tende a agilizar os processos de cobrança, em execução judicial. Com certeza foi adotada tendo em vista o sucesso da alienação fiduciária em financiamentos de automóveis, como fórmula eficiente de execução.

Alienação Fiduciária

De acordo com a Lei 9.514 /97, ficou estabelecido o sistema de garantias por meio da alienação fiduciária. Este mecanismo foi muito bem-sucedido para bens móveis, talvez por esta razão tenha sido adotado pelo sistema financeiro imobiliário, SFI. Através da alienação fiduciária, há mais facilidade de execução no caso de inadimplemento das obrigações. O que gera maior rapidez na execução de garantias.

O funcionamento da alienação fiduciária é bastante simples. Através da alienação fiduciária o credor é o proprietário do bem alienado, enquanto o devedor fica na posse do bem. Depois de quitada toda a dívida, a propriedade é transferida para o devedor. Mas enquanto houver dívida pendente, no caso de inadimplemento, o credor terá facilidades na execução. É um mecanismo jurídico que facilita e gera maior rapidez na execução de garantias.

O Regime Fiduciário é um outro mecanismo criado para garantia dos investidores. Através dele, os créditos imobiliários ficam separados da empresa securitizadora, não se misturando com seu patrimônio. Isso gera maior solidez ao investimento, evitando-se que eventuais dívidas da securitizadoras atinjam os créditos imobiliários, base para credibilidade do processo de securitização.

Oportunidades de financiamento

A grande revolução, trazida do sistema financeiro imobiliário, foi através de mecanismo de securitização, que tornou este mercado dinâmico, tendo em vista ser conhecido o grau de imobilização para o setor imobiliário, o que na prática representava um problema para o giro financeiro. Isto é, o capital investido nas obras ficava imobilizado, e para gerar liquidez eram utilizados mecanismos tradicionais como a hipoteca.

Ao contrário, através do sistema financeiro imobiliário, é possível atrair mais investidores, com a garantia dos créditos imobiliários. Estes créditos imobiliários são adquiridos pelas empresas que irão emitir os recebíveis imobiliários, e a partir dos créditos imobiliários adquiridos é feita a emissão de títulos chamados Certificado de Recebíveis Imobiliários – CRI. A grande vantagem é em que esses títulos são garantidos por créditos imobiliários pelo mecanismo da alienação fiduciária. Esse mecanismo jurídico produz maior solidez ao negócio, gerando credibilidade.

A sociedade de propósito específico

Para cada operação de securitização, relacionada a determinado projeto, é feita a criação de Sociedade de Propósito Específico SPE. Essa SPE irá adquirir os créditos imobiliários, a partir dos quais é feita a emissão de títulos, os chamados CRI – Certificado de Recebíveis Imobiliários. A sociedade de propósito específico é criada especialmente para a operação. Para poder emitir títulos no mercado de capitais é necessário que seja companhia aberta, devidamente registrada na Comissão de Valores Mobiliários CVM. Assim como toda emissão de títulos no mercado financeiro, as CRIs devem ter registro na CVM, que autorizará sua circulação no mercado financeiro.

Vale destacar que a SPE criada é formatada especialmente para essa operação. Inclusive, seu objeto social é definido como ser proprietária de créditos imobiliários, geralmente por meio de cessão de créditos. Ou seja, é uma empresa especialmente criada para emissão de títulos no mercado financeiro. Estruturada de forma que viabilize o investimento, tudo de acordo com o que é definido em lei.

Razão de seu atual sucesso

Atualmente os Certificados de Recebíveis Imobiliários – CRI – têm tido boa demanda. Isso porque reúnem basicamente algumas qualidades muito atrativas. Por um lado, podem ter a liquidez que os torna atrativos ao mercado financeiro, e de outro, por sua solidez, ao serem lastreadas em bens imóveis. Mas como ainda é investimento recente, ao que parece ainda é um mercado especializado, e os CRIs têm uma demanda restrita. Mas como muitos títulos, tende a ter boa demanda num futuro próximo, e ir se popularizando aos poucos.

19

Brazilian Depositary Receipt (BDR)

O que são os BDRs?

Os BDRs nada mais são que Brazilian Depositary Receipts. Através deste mecanismo, um investidor no Brasil pode deter esse título representativo de determinado número de ações da empresa, no exterior. É um título global.

Como funciona seu mecanismo?

O BDR funciona como uma ADR, mas ao inverso. Em linhas gerais, a empresa lá no exterior faz sua emissão de ações, e distribui no mercado local. Para fins de emitir BDRs, deposita-se certa quantidade de ações num Banco Custodiante no país de emissão dos papéis. Com base nessas ações depositadas e congeladas, é que se emitem as BDRs no Brasil. Por sua vez, escolhe-se aqui um Banco Depositário que irá emitir títulos representativos de ações.

Devido a forma como funciona é que recebe esse nome de *Depositary Receipt*. Porque o BDR não é ação (ordinária/preferencial) em si. É apenas um título representativo de determinado número de ações, depositadas no exterior.

Interessante, pois se for observado o prospecto de emissão de BDRs, irá se verificar que há sempre indicação de quantas ações cada BDR representa. Geralmente são lotes de dezenas ou centenas de ações, dependendo de cada caso, da cotação da ação e do valor do BDR.

Qual a vantagem da BDR?

As BDRs são títulos emitidos pela própria matriz da multinacional em questão. Conseqüentemente, possuem maior confiabilidade. Mesmo as oscilações no seu valor acompanham o mercado global e performance mundial da multinacional. Significa mais estabilidade em face das instabilidades regionais, peculiares de cada país em que a empresa atua. Em outras palavras, seu valor leva em consideração o quadro global de atuação da empresa. Sendo assim, a avaliação da própria empresa requer uma rede de informações sobre seu desempenho, em escala global.

Por que só se fala nisso agora?

Lançar um título desse nível é muito caro. Se ter ações em uma Bolsa de Valores local já exige uma série de informativos, em escala mundial é muito mais complicado. Os gastos em torno disso são elevadíssimos, e a manutenção exige uma superestrutura. Assim, pouquíssimas empresas chegam a esse nível. Todo o aparato tecnológico de informações e todo o aparato contábil, financeiro e jurídico são imensos. Ainda mais que, por ser um papel global, a informação que o sujeito recebe no exterior tem de chegar igual aqui.

Nos últimos anos têm existido operações desse porte. Sem dúvida, a razão toda do desenvolvimento destas operações é a consolidada Globalização dos Mercados. A internet ajuda substancialmente nesse sentido, já que, além de democratizar o acesso a informações superqualificadas, é um banco de dados global. De forma relativamente barata e muito rápida, permite chegar muitas informações praticamente na hora. Daqui para frente, vai fazer toda a diferença.

20

Abertura de Capital – Initial Public Offering – IPO

A INSTRUÇÃO CVM QUE regula a abertura de capital é a 202. Chama-se registro de Companhia Aberta porque a empresa S.A. precisa obter uma autorização da CVM para emitir títulos publicamente.

Etapas

A empresa, para emitir ações, precisa ser uma S.A ou transformar-se em uma S.A. Mas isso não basta, já que existem Sociedades Anônimas que têm capital distribuído em ações mas são fechadas. Muitas vezes a empresa que planeja fazer o IPO já era S.A., mas fechada. Isso é importante, pois já terá familiaridade com todos os informativos a serem publicados.

Através de uma decisão dos acionistas da empresa, decide-se lançar ações em Bolsa. Com base nessa Ata de Assembléia Geral, organiza-se e inicia-se todo o processo de abertura de capital.

A empresa candidata ao IPO deverá reunir uma série de documentos. Já que tornar-se pública marca uma nova fase dessa empresa, em que deverá sempre divulgar informes de suas atividades. Assim, exige-se uma estrutura de atendimento ao Mercado, no caso realizada através do

Departamento de Relações dos Investidores. Tudo para gerar *disclosure* de suas atividades ao Mercado.

Requisitos

Basicamente, e de modo bem geral, os documentos exigidos são de duas categorias: os societários e relatórios financeiros da empresa. Parte societária porque é nestes documentos que se encontram as regras que delineiam e gerenciam as atividades da empresa. Parte financeira, inclusive estudo de viabilidade, para se atestarem as condições da empresa perante essa nova fase.

Estrutura necessária e finalidade

Não há dúvidas sobre a força do Mercado de Capitais. Uma empresa, quando possui bom desempenho e encontra muitos investidores no Mercado, cresce em escala gigantesca. Quando há demanda para um papel, sua tendência é ir crescendo de valor gradativamente. Obviamente de acordo com o seu desempenho. Quanto mais a empresa atinge suas metas de crescimento, mais o Mercado responde positivamente.

Por outro lado, pelo que foi descrito acima, é possível ter uma breve idéia dos custos desta operação. Exige-se toda uma estrutura porque todos os documentos societários e financeiros precisam estar sempre disponíveis ao mercado e aos investidores. Isso tem custo elevado, visto todo aparato técnico, jurídico, contábil e financeiro envolvido no processo.

Mercado Primário e Junk Bonds

O Mercado Primário é justamente onde as ações são lançadas no Mercado pela primeira vez, onde os títulos são gerados e o valor entra no capital da empresa. É o chamado trabalho de *underwriting*, feito pelos Bancos de Investimento. Já no Mercado Secundário as ações trocam de dono, entre investidores.

Nos Estados Unidos, o *Venture Capital*, aqui chamado de Capital de Risco, não se restringe a colocar capital de um superfundo de *private equity* numa pequena empresa. O grande trabalho dessas empresas é conseguir fazer a abertura de capital de uma empresa. São as que fazem o elo entre as empresas que crescem bastante e o Mercado de Capitais.

Boa parte das emissões iniciais feitas por uma *Venture Capital* gera os chamados *junk bonds*. Nos Estados Unidos os *junk bonds* são justamente as ações de empresas de segunda linha. Que chamam *the small* e *middle caps*. Referem-se a empresas de médio porte, com comprovado potencial de crescimento, que fazem a maior parte das emissões iniciais – IPO. Segunda linha porque todo o risco envolvido é maior. Muitas das megacorporações de hoje passaram por essa fase.

21

Reorganização societária

TODO PROCESSO DE REORGANIZAÇÃO societária envolve uma série de aspectos dentro de uma só operação. Envolvem-se não apenas leis das Sociedades Anônimas e regulamentos financeiros. Toda a complexidade decorre de aspectos contábeis, de planejamento fiscal e até trabalhista, além de outras sinergias.

Empresas antigas e com amplo *market share* geralmente já passaram por momentos difíceis e acumulam alguns déficits. Toda estratégia num processo de reorganização leva em consideração como será o futuro do grupo empresarial. Assim como por diversos motivos reparte-se um grupo em diversas empresas, ao juntar –se todas exige-se muito mais que um balanço de julgamentos.

É nesse ponto que consiste toda a técnica de *investment banking* e M&A, que vai muito além de fluxos de caixas e projeções. Em certos casos, a parte contábil e fiscal pesa até mais, visto que será onde oficialmente serão computados todos os números. Sim, pois aí ficam evidentes todas as dificuldades de lidar com balanços em muitos casos desfavoráveis.

Toda complexidade está justamente em preparar o grupo para novas etapas. Não se trata apenas de a empresa ter lucros ou não. Muito mais, precisa haver uma estrutura operacional direcionada que faça sentido, visto que, sem um devido planejamento estratégico, todos os esforços poderão não render resultados. Quando se trata de grupos financeiros e industriais, além de fazer um sentido geral, existe toda a preocupação de performance no seu mercado, além de ter de lidar com o jogo de xadrez que é conseguir ter as rédeas e o controle dos rumos no seu meio.

No processo de incorporação, juntam-se e fundem-se duas ou mais empresas. Em alguns casos os balanços têm muitas semelhanças, mas há muitos casos em que há diversas disparidades. Além dos riscos, do *market share* em jogo, está o próprio futuro administrativo. Mais ainda, se for o caso de grandes empresas, tudo deve ser de uma forma que continue a ser um excelente investimento que justifique suas ações no mercado.

Em virtude de suas complexidades, essas operações demoram bastante para se completar. Mesmo seu cálculo prévio e preparação demoram bastante por serem muito estudados. Ainda mais para empresas de grande porte, geralmente listadas em Bolsa de Valores, com todos os relatórios e balanços publicados, é essencial um excelente desempenho. Contabilidade é fundamental. Neste sentido os créditos fiscais, ágio, são estratégicos em toda operação.

Empresas lucrativas geralmente são as que acabam comprando outras. Por esse mesmo motivo, acabam capitalizando empresas deficitárias. Lógico que sempre de uma forma em que o balanço final justifique tudo, e que tudo continue atrativo ao mercado e ao investidor. Sem esquecer o *stakes* no mercado e dentro do próprio grupo financeiro-industrial.

Por tais razões, a reorganização societária envolve diversos aspectos: fiscal, contábil, financeiro e até trabalhista. É complexo, pois além de todo o trabalho, a operação tem de possuir um grau de risco que ao final compense tudo e seja ótimo para todos os investidores.

PARTE II

PARTE II

1

Fechamento de Capital Reprovado

Operação de Fechamento de Capital

O fechamento de capital, também conhecido como cancelamento de registro, é operação mediante a qual a empresa aberta planeja sair da bolsa de valores, e retirar as ações em circulação publicamente. Para tanto é necessária a aprovação de 2/3 dos acionistas, em que a empresa faz oferta para retirada de ações de circulação. Através dessa operação, a companhia deixa de ser aberta para se tornar fechada.

Marca uma profunda transformação na empresa, já que a companhia aberta precisa divulgar uma série de informações, ao contrário da companhia fechada. Recentemente ocorreram diversas operações do gênero por diversas razões. Por exemplo, alto custo de manutenção de empresa aberta, falta de liquidez das ações, problemas com minoritários e estratégia própria de concentrar esforços numa única empresa do grupo.

Etapas do Processo de Fechamento de Companhia Aberta

Dentre as etapas do processo de fechamento de capital, destacam-se: a) decisão sobre operação, b) avaliação, c) processo de registro na CVM, d) quórum de aprovação e) desfecho e liquidação. O que acontece é que fechar o capital está cada vez mais complicado, e não ocorre de forma tão tranqüila e despercebida, como se poderia esperar. Muitas são as discussões, em especial relacionadas ao valor a ser pago pelo resgate de ações.

Tomada esta decisão, é necessário informar o mercado financeiro através de fato relevante, conforme instrução CVM 358. Isso é essencial para que se evite informação privilegiada por parte de alguns, que poderiam comprar ou vender ações da empresa, em face de tal processo. Claro, a decisão de fechar pode valorizar ou desvalorizar as ações da empresa, no momento em que for divulgada a decisão, de acordo com a lógica do papel.

O processo de avaliação é onde será cotado o valor da ação a ser resgatada. É polêmico, pois muito embora até haja coincidência de métodos para se chegar a um valor, pode-se chegar a diferentes conclusões. Analistas podem fazer o *valuation* com valores diversos, o que abre espaço para muitas discussões, principalmente de minoritários que alegam geralmente estar em desvantagem. Pode-se contestar o preço da avaliação, mas se não tiver cabimento, poderá ser penalizado.

O processo de registro é onde se prepara toda a documentação. Depois, submete-se o cumprimento de todos os requisitos para análise da CVM. Toda documentação é analisada e, se estiver de acordo com as instruções, leis, regulamentos, então são feitas exigências para regularização de documentos técnicos. Depois, atendidas a lei e as exigências, a autarquia aprova a operação, para ser efetivamente realizada.

Para ser concretizada, é preciso que 2/3 dos que se manifestarem aprovem a operação. Parece ser algo simples, mero critério que passaria despercebido. Mas operações recentes mostram a ocorrência de situações críticas em que à parte todo o processo e seus complicadores, pode-se não atingir o quórum de aprovação. Situação em que só será permitido comprar ações desde que não acabe com a liquidez, ou desista-se da operação. Destarte todos os esforços envolvidos e complicadores atinentes.

Investimento em Ações de empresa com plano de fechar o capital

Alguns investidores especializam-se em comprar ações de empresas com planos de fechar o capital. Estudam a liquidez das ações, perfil da empresa e do controlador e as chances de se fechar o capital. Caso exista essa possibilidade, compram ações da empresa, na esperança de serem bem remunerados com o resgate via oferta de aquisição de ações OPA – Oferta Pública de Ações. Para isso confiam que o valor da avaliação será bom, e que será vantajoso adquirir ações com essa previsão de resgate por valores. Além disso, podem estar associados a direitos de *tag along* de 80% a 100% atualmente, para operações de fusões e incorporações, por exemplo.

Conceito interessante: até 1/3 das ações e circulação

O interessante do processo de fechamento de capital reprovado é seu desfecho. É curioso, pois enfrenta-se uma situação singular, que precisa também de uma solução condizente. Ter ações em circulação, é claro, significa ter o máximo possível de ações sendo negociadas no mercado. Fechar o capital também é nítido, significa tirar ações de circulação. Justamente o fechamento de capital reprovado é situação que fica no meio das duas coisas. Não se pode tirar ações de circulação totalmente, mas é necessário atender aos que querem e concordam em se desfazer das ações da empresa.

Diante desse quadro singular é que surge a solução da Instrução CVM 361. O conceito disposto é o de limitar o número de ações que o ofertante pode comprar para não fazer fechamento de capital indireto. Isto é, nega-se autorização para que o ofertante, empresa que deseja fechar o capital, compre todas as ações de concordantes. Limita-se a 1/3 das ações em circulação a quantidade máxima que pode ser comprada. Para que esta regra tenha efeito, muitas vezes terá de ser realizado o rateio. Caso, por exemplo, 50% dos acionistas que se manifestarem aprovem o fechamento, e o restante não.

O resultado é que a empresa ofertante poderá adquirir até 1/3 das ações em circulação para não acabar com a liquidez. Dessa forma, pretende-se que diante de uma operação desta natureza, frustrada, a) os acionistas que desejarem se desfazer dos papéis possam vendê-los, ainda que mediante rateio, e b) a empresa ofertante possa comprar ações até um limite, tentando-se evitar os efeitos perversos da operação frustrada, que comprometeria a liquidez.

Isto porque, se fosse permitido ao ofertante adquirir as ações de todos que desejam se desfazer dos papéis, poderia se criar um fechamento indireto, com efeitos próximos do fechamento branco. Assim estabeleceu-se o teto de 1/3 das ações em circulação para que permita às ações da empresa ter certa liquidez. Já que se sobrassem proporcionalmente poucas ações em circulação, mais difícil com certeza seria a negociação das ações que sobrassem no mercado. Operação com tal desfecho tem total relação com a abordagem do tema liquidez de papéis, sua manutenção e desenvolvimento.

Reprovação do Fechamento pelos Acionistas

"Art. 15. Em qualquer OPA formulada pela companhia objeto, pelo acionista controlador ou por pessoas a ele vinculadas, desde que não se trate de OPA por alienação de controle, caso ocorra a aceitação por titulares de mais dc 1/3 (um terço) e menos de 2/3 (dois terços) das ações em circulação, o ofertante somente poderá:

I – adquirir até 1/3 (um terço) das ações em circulação da mesma espécie e classe, procedendo-se ao rateio entre os aceitantes, observado, se for o caso, o disposto nos §§ 1° e 2° do art. 37; ou

II – desistir da OPA, desde que tal desistência tenha sido expressamente manifestada no instrumento de OPA, ficando sujeita apenas à condição de a oferta não ser aceita por acionistas titulares de pelo menos 2/3 (dois terços) das ações em circulação."

Disposições da Instrução CVM 361, Opa para Cancelamento de Registro, Requisitos para o cancelamento

"Art. 16. O cancelamento do registro de companhia aberta somente será deferido pela CVM caso seja precedido de uma OPA para cancelamento de registro, formulada pelo acionista controlador ou pela própria companhia aberta, e tendo por objeto todas as ações de emissão da companhia objeto, observando-se os seguintes requisitos:

I – o preço ofertado deve ser justo, na forma estabelecida no § 4º do art. 4º da Lei 6.404/76, e tendo em vista a avaliação a que se refere o § 1º do art. 8º; e

II – acionistas titulares de mais de 2/3 (dois terços) das ações em circulação deverão aceitar a OPA ou concordar expressamente com o cancelamento do registro, considerando-se ações em circulação, para este só efeito, apenas as ações cujos titulares concordarem expressamente com o cancelamento de registro ou se habilitarem para o leilão de OPA, na forma do art. 22.

Parágrafo único. Sem prejuízo das restrições legais aplicáveis, quando a OPA para cancelamento de registro for efetuada pela própria companhia, os limites de negociação com as próprias ações estabelecidos pela CVM em regulamentação própria somente incidirão caso não seja alcançado o requisito de aceitação do inciso II deste artigo, observando-se ainda, neste caso, o limite de que trata o inciso I do art. 15.

Art. 17. A companhia que tenha efetuado emissão ou distribuição pública de debêntures somente poderá ter cancelado o seu registro de companhia aberta se comprovar, por declaração do agente fiduciário, que:

I – resgatou a totalidade das debêntures em circulação;

II – vencido ou antecipado o prazo para resgate e não tendo sido resgatada toda a emissão, procedeu ao depósito do valor de resgate das debêntures em banco comercial, ficando tal valor à disposição dos debenturistas;

III – o ofertante ou pessoa vinculada adquiriu a totalidade das debêntures em circulação; ou

IV – todos os debenturistas concordaram com o cancelamento de registro de companhia aberta, e declararam expressamente ter ciência de que, em razão disto, será cancelado o registro para a negociação das debêntures em mercado secundário organizado, se houver.

§ 1º Na hipótese da efetivação do depósito bancário a que se refere o inciso II, a companhia deverá publicar anúncio informando tal situação aos debenturistas, com a menção expressa do nome do banco e identificação da agência em que foi feito o depósito.

§ 2º Na hipótese do inciso IV, a declaração do agente fiduciário será acompanhada de cópia das declarações firmadas por todos os debenturistas, ou da ata de assembléia de debenturistas que houver aprovado, por unanimidade e com a presença de todos os debenturistas, o cancelamento de registro.

Art. 18. A companhia que tenha efetuado emissão ou distribuição pública de outros valores mobiliários diversos de ações e debêntures somente poderá ter cancelado o seu registro de companhia aberta se o ofertante comprovar que adquiriu, diretamente ou por meio de pessoa vinculada, a totalidade dos valores mobiliários em circulação no mercado, excetuadas as partes beneficiárias, ou se atender, com relação aos titulares de tais valores mobiliários, aos requisitos do inciso IV e do § 2º do art. 17.

Art. 19. Caso o acionista controlador, pessoa a ele vinculada ou a companhia, pretendam realizar OPA para cancelamento de registro em prazo inferior a 1 (um) ano, contado da data da homologação da última subscrição pública com ingresso de novos acionistas ocorrida na companhia objeto, o preço a ser ofertado pelas ações em circulação deverá ser, no mínimo, igual ao preço obtido pelas ações no referido aumento de capital, devidamente atualizado nos termos do instrumento de OPA e da legislação em vigor, e ajustado de maneira a considerarem-se, no cálculo do preço, as alterações no número de ações decorrentes de bonificações, desdobramentos, grupamentos e conversões eventualmente ocorridos.

Parágrafo único. Aplica-se o disposto no *caput* deste artigo aos casos de subscrição privada, desde que, no mínimo, 1/3 (um terço) das ações objeto do aumento de capital, excluídas aquelas subscritas pelo acionista controlador no exercício de seu direito de preferência, tenham sido subscritas por acionistas minoritários e terceiros, e permaneçam em circulação pelo menos 10% (dez por cento) das ações da mesma espécie e classe daquelas objeto do aumento de capital, contando-se o prazo estabelecido no caput da data da homologação do aumento de capital."

Instrumento

"Art. 20. Do instrumento da OPA para cancelamento de registro, além dos requisitos estabelecidos no art. 10, deverá constar obrigatoriamente:

I – convocação dos acionistas que desejarem manifestar a sua concordância em relação ao cancelamento do registro, especificando o prazo e o procedimento a ser adotado para tanto;

II – declaração de que a companhia objeto não emitiu outros valores mobiliários que estejam em circulação, ou de que atendeu ao disposto nos arts. 17 e 18;

III – declaração de que, caso a companhia venha a exercer a faculdade de que trata o § 5º do art. 4º da Lei 6.404/76, o depósito do valor de resgate deverá ser efetuado em até 15 (quinze) dias, contados da deliberação de resgate, em instituição financeira que mantenha agências aptas a realizar o pagamento aos acionistas, no mínimo, na localidade da sede da companhia e da bolsa de valores ou entidade de mercado de balcão organizado em que as ações fossem admitidas à negociação, e nas capitais de todos os estados do País, divulgando-se a informação através de notícia de fato relevante; e

IV – nos casos de OPA lançada pela própria companhia, cópia da deliberação do órgão da companhia que tiver aprovado o lançamento da OPA, contendo, no mínimo, a justificativa da operação, da desnecessidade de captação de recursos por meio de subscrição pública de ações no prazo de 2 (dois) anos, e a referência à existência das reservas exigidas por lei.

Leilão

"Art. 21. Na OPA para cancelamento de registro, os acionistas serão considerados:

I – concordantes com o cancelamento de registro, se aceitarem a OPA, vendendo suas ações no leilão, ou manifestarem expressamente sua concordância com o cancelamento;

II – discordantes do cancelamento de registro, se, havendo se habilitado para o leilão, na forma do art. 22, não aceitarem a OPA.

§ 1º As ações dos acionistas que não se manifestarem concordando expressamente com o cancelamento de registro, nem se habilitarem para o leilão na forma do art. 22, não serão consideradas como ações em circulação, para os efeitos do inciso II do art. 16, sendo-lhes facultado, entretanto, alienar tais ações na forma e no prazo previstos no § 2º do art. 10.

§ 2º Do instrumento de manifestação de concordância expressa com o cancelamento do registro deverá constar, em destaque, a declaração do acionista de que está ciente de que:

I – suas ações ficarão indisponíveis até a liquidação do leilão da OPA; e,

II – após o cancelamento, não poderá alienar suas ações na bolsa de valores ou mercado de balcão organizado em que eram admitidas à negociação.

Art. 22. No leilão da OPA para cancelamento de registro, além das normas estabelecidas no art. 12, deverá ser adotado procedimento que permita o acompanhamento, ao longo do leilão, da quantidade de ações dos acionistas que tenham concordado com o cancelamento de registro, bem como do somatório daquela quantidade de ações com a detida pelos acionistas que aceitarem a OPA.

§ 1º Todos os acionistas titulares de ações em circulação que pretendam participar do leilão ou dissentir do cancelamento do registro, bem como os acionistas que tenham manifestado concordância expressa com o cancelamento do registro, deverão credenciar, até a véspera do leilão, uma sociedade corretora para representá-los no leilão da OPA.

§ 2º As sociedades corretoras, credenciadas na forma do parágrafo anterior, deverão comunicar à bolsa de valores ou entidade do mercado de balcão organizado em que deva ser realizado o leilão, até o seu início, a quantidade de ações dos acionistas que serão por elas representados no leilão da OPA, e o somatório das ações informadas por todas as sociedades corretoras constituirá o total das ações em circulação para efeito de cálculo da quantidade de aceitantes e concordantes a que se refere o inciso II do art. 16.

§ 3º A quantidade mínima referida no inciso II do art. 16 será calculada somando-se as ordens de venda emitidas com as manifestações expressas de concordância com o cancelamento de registro, encerrando-se o leilão quando do término do prazo previsto para a sua realização, ou quando atingida a quantidade mínima referida no inciso II do art. 16, o que ocorrer primeiro.

§ 4 As manifestações expressas de concordância com o cancelamento do registro e as ordens de aceitação da oferta, serão efetuadas pelas sociedades corretoras, valendo o silêncio dos acionistas habilitados na forma do § 1º como discordância com o leilão.

§ 5 As sociedades corretoras comprovarão documentalmente, no prazo de 24 (vinte e quatro) horas contado do encerramento do leilão, à bolsa de valores ou entidade do mercado de balcão organizado em que tenha se realizado o leilão, e à instituição intermediária, a legitimidade da representação dos acionistas que houverem habilitado, na forma do § 1º.

§ 6º As sociedades corretoras responderão civil, administrativa e criminalmente pelo credenciamento indevido de acionistas que não estejam por elas legitimamente representados, ou não possuam, na data do leilão, as ações habilitadas.

§ 7º A instituição intermediária e a bolsa de valores ou entidade do mercado de balcão organizado em que se realizar o leilão adotarão todas as medidas complementares necessárias ao perfeito atendimento dos requisitos impostos nos parágrafos anteriores, ou de outros que os substituam com igual resultado."

Revisão do preço da oferta

"Art. 23. Na hipótese de revisão do preço da OPA, na forma prevista no art. 4-A da Lei 6.404/76, e desde que não haja desistência do ofertante, o leilão será iniciado pelo novo preço, devendo ser publicado aviso de fato relevante informando sobre a revisão do preço e a manutenção ou desistência da OPA.

Art. 24. Na revisão do preço da OPA adotar-se-á o seguinte procedimento:

I – o pedido de convocação da assembléia especial de acionistas titulares de ações em circulação, devidamente fundamentado e acompanhado de elementos de convicção que demonstrem a falha ou imprecisão no emprego da metodologia de cálculo ou no critério de avaliação adotado, deverá ser formulado no prazo de 15 (quinze) dias, contado da divulgação do valor da oferta pública, nos termos do § 1º do art. 4º-A da Lei 6.404/76, e suspenderá o curso do processo de registro ou, se já concedido este, o prazo do edital da OPA, adiando o respectivo leilão, devendo o ofertante providenciar a publicação de aviso de fato relevante dando notícia do adiamento e da data designada para a assembléia especial;

II – caso a assembléia especial delibere pela não realização de nova avaliação da companhia, será retomado o curso do processo de registro, ou da própria OPA pelo prazo remanescente, conforme o caso, devendo o ofertante providenciar, nesta última hipótese, a publicação de aviso de fato relevante, com a nova data de realização do leilão;

III – caso a assembléia delibere pela realização de nova avaliação, e o laudo de avaliação venha a apurar valor igual ou inferior ao valor inicial da OPA, será retomado o curso do processo de registro, ou da própria OPA pelo prazo remanescente, conforme o caso, devendo o ofertante providenciar, nesta última hipótese, a publicação de aviso de fato relevante, com a nova data de realização do leilão; e

IV – caso a assembléia especial delibere pela realização de nova avaliação, e o laudo de avaliação venha a apurar valor superior ao valor inicial da OPA, o ofertante deverá publicar, no prazo de 5 (cinco) dias, a contar da apresentação do laudo, aviso de fato relevante, informando se mantém a OPA ou dela desiste, esclarecendo, na primeira hipótese, que será retomado o curso do processo de registro, ou da própria OPA pelo prazo remanescente, conforme o caso, devendo o ofertante providenciar, nesta última hipótese, a publicação de aviso de fato relevante, com a nova data de realização do leilão e o novo preço.

§ 1º O prazo de 15 (quinze) dias referido no inciso I somente começará a correr após a entrega do laudo de avaliação original à CVM, ou após a sua disponibilização na forma do § 6º abaixo, se esta ocorrer antes, devendo o ofertante publicar aviso de fato relevante, dando notícia de tal entrega.

§ 2º O laudo de avaliação de revisão será elaborado por sociedade que atenda aos requisitos dos §§ 1º e 2º do art. 8º, e deverá observar todos os requisitos estabelecidos nos §§ 3º e 4º do mesmo artigo.

§ 3º A assembléia especial que deliberar pela realização de nova avaliação deverá nomear o responsável pela elaboração do laudo, aprovar-lhe a remuneração, estabelecer prazo não superior a 30 (trinta) dias para o término dos serviços, e determinar que o laudo seja encaminhado à companhia objeto, na pessoa de seu diretor de relações com investidores, à bolsa de valores ou entidade do mercado de balcão organizado em que deva realizar-se o leilão, e à CVM, além de ser encaminhado também ao endereço eletrônico desta última, no formato específico indicado pela CVM.

§ 4º A administração da companhia objeto deverá colaborar com o avaliador, visando à disponibilidade dos elementos necessários à elaboração do laudo de avaliação.

§ 5º A instituição responsável pela elaboração do laudo de avaliação deverá ainda, na mesma data da entrega do laudo à CVM, comunicar à instituição intermediária o resultado da avaliação, para que esta e o ofertante adotem as providências cabíveis, dentre aquelas previstas nos incisos III e IV.

§ 6º O laudo de avaliação de que trata este artigo ficará disponível nos mesmos lugares, e no mesmo formato, do laudo de avaliação de que trata o art. 8º.

§ 7º A ata da assembléia especial a que se refere este artigo indicará, necessariamente, o nome dos acionistas que votarem a favor da proposta de realização de nova avaliação, para efeito de eventual aplicação do § 3º do art. 4-A da Lei 6.404/76."

Cancelamento do registro e Resgate de Ações

"Art. 25. A CVM, no prazo de 15 (quinze) dias, contado do recebimento dos demonstrativos sobre o leilão da OPA da bolsa de valores ou da entidade do mercado de balcão organizado em que se realizar o leilão, e após verificar que foram atendidas as normas desta Instrução, procederá ao cancelamento do registro de companhia aberta, comunicando o fato à companhia objeto e à bolsa de valores ou à entidade do mercado de balcão organizado em que as ações estavam admitidas à negociação."

2

Debênture Padronizada: Instrução CVM 404*

NA ESTEIRA DA INSTRUÇÃO 400 da CVM veio a nova instrução com a novidade da debênture padronizada. Sem dúvida, mais uma iniciativa para tentar desenvolver o Mercado de Capitais nacional. Já que, reconhecidamente, a supervisão do governo é fundamental quando se trata de um Mercado de Capitais público. Entretanto, subsiste sempre o desafio de conciliar a vigilância do Mercado com sua agilidade, evitando-se causar lentidão às suas complexas operações.

Faz parte de uma seqüência de Instruções da autarquia, que visam melhor regular o Mercado de Capitais, através de modernos e atualizados conceitos. Observando-se assim, nestes últimos 5 anos, um conjunto de instruções com novidades que ainda estão sendo assimiladas pelas empresas. Tendo em vista a retração do Mercado atual, as instruções ainda estão sendo recebidas pelas empresas, nas poucas operações de porte atualmente realizadas.

Entendido que os novos regulamentos trabalham em conjunto com os esforços das Bolsas de Valores em democratizar o capital, após o período vivenciado de muitas privatizações no país, com amplas movimentações no Mercado de Capitais, vieram agora suas atualizações

*. Artigo escrito durante a recessão da NASDAQ 2000/2002

legislativas. Muito embora acontecendo num Mercado retraído, a evolução legislativa é significativa e, com certeza, ao tempo das operações, mostrará sua evolução e acerto.

Não podendo esquecer que todas essas movimentações normativas da CVM e do Mercado de Capitais acontecem em meio às megafraudes no mercado norte-americano. Não apenas a Sarbanes-Oxley, mas todo o conjunto de regulamentos que foram modificados diante das fraudes assinalou de modo decisivo os atuais rumos do Mercado de Capitais mundial. Já que os fatos mostram que, por vezes, nem todo aparato burocrático da respeitada Securities Exchange Commission foi capaz de bloquear gigantescas fraudes. Então cabe rediscutir tudo de novo e, além das medidas de responsabilização penal, o *disclosure* parece ser a direção.

Por muito criticado que seja, a legislação pátria já previa com detalhe muitas responsabilidades específicas de auditores. Ao mesmo tempo que a governança corporativa e o *disclosure* ganham destaque, surgem as iniciativas para desenvolver o Mercado de Capitais nacional. Nesse contexto surgem as debêntures padronizadas, para dar maior agilidade às empresas, na captação de recursos, visto que em outros quadros a medida para captação de modo menos burocrático ocorria através de emissões de *Commercial Paper*, no entanto com perfil de curto prazo.

Novidade Esperada contra Dificuldade de Registro

A grande vantagem da debênture padronizada é todo seu processo preparatório de emissão, e notória praticidade. As características das debêntures são definidas em escritura de emissão registrada em cartório. Entretanto, há uma grande multiplicidade de formas possíveis de se realizar uma operação com debêntures, com diversas características dependendo do caso.

Por exemplo, uma debênture pode ser conversível em ações, significando que terá características especiais e que seguirão condições de conversibilidade, ao longo do tempo. Ou então pode ser uma debênture vinculada a uma operação de securitização de recebíveis, que a torna bem mais complexa. Ao contrário de tudo, pode-se tratar de uma emissão de debêntures simples, sem maiores peculiaridades relacionadas.

De forma que são possíveis diversos tipos diferentes de emissões com debêntures. Evidentemente, cada qual com um grau de complexidade próprio. Já que, por exemplo, uma emissão de debêntures relacionada à securitização de créditos será bem mais complexa que uma simples. O que o regulamento visa, entretanto, é dar agilidade ao Mercado de Capitais e às empresas. Evitando a demora de processos, contrários à própria natureza dinâmica do Mercado de Ações, sensível a qualquer notícia.

Parte do princípio de que, caso a emissão seja do tipo que tenha cláusulas-padrão, poderá ser considerada debênture padronizada. Visto que, a razão pela qual muitas operações têm um processo de registro complexo é que possuem muitas cláusulas específicas, que por serem por vezes peculiares, e até inéditas, precisam de cuidado redobrado. Já a debênture padronizada trará uma escritura de emissão com cláusulas de redação comum, e prospecto padronizado, variando apenas em essência aspectos singulares de sua emissão.

Praticidade e Rapidez

Na verdade, além de maior facilidade de análise das operações por parte do governo, os investidores serão beneficiados assim como as empresas que pleiteiam registro. Os investidores terão seu trabalho de análise do papel facilitado, dada a praticidade de comparar as debêntures. Assim também os próprios envolvidos na obtenção de registro da emissão, que, ao invés do trabalho de redigir diversas cláusulas, terão de se ater apenas a detalhes e dados específicos da emissão.

Com a escritura padrão, fica prático encontrar os dados específicos de cada emissão, na certeza de que todas as outras cláusulas são idênticas. Ao invés de ter de ler toda escritura, como é feito hoje, já que podem existir diferenças entre uma emissão e outra, basta ter conhecimento da escritura padrão da debênture padronizada. Que terá toda sua estrutura e cláusulas em comum com outras emissões do gênero.

Um dos pressupostos para que seja possível a operação é a regularidade de documentação e dados relativos à companhia aberta. Parece algo óbvio demais, e que nem sequer deveria ser relevado. A questão é que manter estes dados todos em dia já é bastante difícil. Afinal, há um custo elevado para elaborar todas as obrigações societárias, balanços, auditorias e publicações. Vale lembrar que não por acaso foram muitos os cancelamentos de registro nos últimos anos, de empresas que não conseguem estar atualizadas em prestar contar ao Mercado como empresas abertas.

Problema da Liquidez

Outro desafio nestas emissões é tentar gerar liquidez a estes papéis. Surge aí o papel do formador de mercado, que vai tentar gerar negócios em torno destes papéis. Feito seguindo um padrão, podem facilitar e atrair investidores. Mas sem dúvida é mais um passo para tentar se desenvolver esse Mercado, de dívida corporativa. A remuneração que oferecem, como título de renda fixa, pode tornar o investimento atrativo. Mas ainda é um desafio para investidores, se um dia decidirem se desfazer do papel e não existir demanda para eles.

Facilidades de avaliação comparativa

Para analistas, sua padronização é ótima notícia. Pois poderão fazer melhores análises comparativas com base nos dados específicos que mudarão de emissão para emissão. Por exemplo, sua remuneração, índices adotados e época de resgate. Na certeza de que todas as outras condições serão idênticas, dada a padronização das cláusulas. Facilitando bastante a análise da escritura e prospecto da emissão, que terão as mesmas cláusulas.

De qualquer forma, debênture ainda é tipo de investimento para quem conhece. As iniciativas são no sentido de democratizar também esse papel, mas falta bastante. Já que quem investe neste tipo de papel, além de conhecer a empresa em geral e seu desempenho no Mercado de Ações, que podem sinalizar algo, precisa conhecer sobre títulos de renda fixa. Exigem assim tanto conhecimento de remuneração e garantias de papéis de longo prazo, como a análise da performance da empresa. Visto que a debênture padronizada facilita, mas é incapaz de prever, por exemplo, o risco sempre possível de *default*.

3

O aumento de capital como defesa

Quadro sem aumento de capital

Num quadro competitivo, a empresa pode enfrentar sempre o risco de sofrer uma oferta inesperada. Dependendo do caso, se o capital não estiver muito disperso, isso pode significar risco para a própria empresa objeto da oferta. Mesmo sem ter um quadro acionário disperso, cabe sempre fazer o aumento de capital, por proteção. Numa era de mercado globalizado, uma oscilação cambial pode afetar severamente e influenciar numa eventual oferta para compra de empresa. Tendo em vista essas próprias possibilidades é que as empresas sempre fazem a oferta de aumento de capital. Aos bancos, é procedimento praticamente obrigatório que vem adequar aos lucros que vêm obtendo no mercado local.

Oferta secundária de papéis

Atualmente várias têm sido as ofertas de aumento de capital. Essas ofertas tendem a ocorrer durante um mercado aquecido, em que isso acaba seguindo o contexto geral. Ultimamente têm ocorrido diversas destas ofertas, em virtude do próprio desempenho das empresas no geral.

Numa oferta assim, a empresa tende a aumentar o número de ações em circulação no mercado, proporcionalmente. Muito embora no mercado local não venha significando em maior dispersão do quadro de acionistas. Na prática, o aumento de capital fortalece a empresa, refletindo em mais ações, podendo contribuir para seu próprio desempenho.

Opção da emissão de debêntures conversíveis

Ao invés de se realizar um aumento de capital em ações, pode-se usar as debêntures conversíveis. A diferença é que a debênture conversível é mais voltada para um público corporativo, para fins de financiamento. Sendo a conversão em ações apenas uma opção no contexto futuro.

A grande vantagem da debênture conversível é que, num primeiro momento, não irá influir na composição societária. Mesmo com a emissão destes papéis, a composição societária se mantém igual. Com o tempo e mediante certas condições, poderá existir o exercício da opção de converter cada debênture por certo número de ações.

Aumento do direito de preferência para mesma base de acionistas

Numa oferta pública de valores mobiliários, o direito de preferência ganha destaque. É por meio deste direito que a pessoa poderá manter, proporcionalmente, sua participação societária. Ao exercer o direito de preferência, a pessoa poderá investir mais na empresa, confirmando seus créditos. Ao passo que também poderá manter sua participação societária. Faz diferença, já que, dependendo do caso, isso pode influir mais ou menos nos votos e decisões da empresa. Conforme o caso, chegando a pesar na escolha de Conselheiros também.

Visto que o quórum é normalmente estabelecido em termos percentuais, não é firmado tendo em vista o número de ações em si. Num aumento de capital, é essencial então a eventual compra de mais ações, para manter seu peso dentro do quadro de votos, no societário da empresa.

Dificuldade em fazer oferta de compra em face de mais ações

Com o aumento de capital, a empresa refletirá bem seus resultados, se positivos. Importante é que também tornará mais difícil ser objeto de oferta pública para compra da empresa. Num mercado globalizado, isso deve ser visto com cautela, já que poderão existir ofertas inesperadas com câmbio em desvantagem. Cabe à empresa fazer essa proteção societária para evitar surpresas.

Na época da inflação alta, eram comuns os aumentos de capital, mas por outras razões. Naquela época, eram feitos aumentos de capital em virtude da desvalorização da moeda. Então, com a moeda em oscilação, era necessária a periódica atualização, correção monetária que se refletia em aumentos sucessivos de capital. Mas por motivos estritamente do contexto de inflação alta que o país vivia.

Quando se vislumbra a possibilidade de aumentos de capital, utiliza-se o mecanismo do capital autorizado. Através do qual os acionistas autorizam a emissão de ações até certo limite. Funcionando como pré-autorização, que dispensaria toda deliberação em torno do tema, que, por se tratar de tema delicado, poderia complicar todo o funcionamento societário da empresa.

4

Project Finance: Demandas do Mercado

PRATICAMENTE A MAIORIA DOS projetos de infraestrutura no país está relacionada de alguma forma com a engenharia financeira e societária do Project Finance. São complexas estruturas financeiras e jurídicas que norteiam todo o projeto, num horizonte de muitos anos de atividade. A questão que fica sempre são as imprevisibilidades da economia. Por mais qualificada que seja a pesquisa técnica, há fatores absolutamente imponderáveis, e que acabam influindo de maneira decisiva em toda a economia. No longo prazo, as pesquisas provavelmente mostrarão quais são os cenários efetivos. Entretanto, num horizonte mais próximo, outras contingências podem pesar sobremaneira, tornando bastante complexo seu andamento.

Stand-by de Projetos

Por sua vez, cada projeto demanda muitos meses e até anos de planejamento e estruturação. Depois vem toda a parte de atender as orientações e requisitos a atender em relação ao governo, para poder funcionar. Não apenas restrito a normativos de licitações em si, mas todo o complexo de requisitos técnicos, necessários para entrar em funcionamento naquela atividade específica. Infelizmente, pode ocorrer que devido a um vetor absolutamente imprevisível fique inviável o projeto da forma como planejado.

Como na maior parte das vezes se está diante de uma estrutura empresarial bastante complexa, manter por muito tempo em dissonância com o fluxo de caixa projetado pode torná-lo inviável. Acaba havendo sua reconsideração, inclusive em relação a sua continuidade. Uma alternativa seria manter toda a estrutura em *stand-by*, sem desativá-la integralmente, o que seria mais custoso ainda.

Dentro dessa perspectiva, haveria necessidade de especial atenção em relação aos prazos constantes em toda estrutura. Já que, quanto maior for a pressão por *deadlines* operacionais, financeiros e jurídicos, maior o risco de todo o projeto em si. As oscilações de mercado são uma realidade, e em alguns casos desconsiderar tais aspectos acaba tornando o projeto muito mais complexo com o tempo.

De acordo com a própria demanda do Mercado

A dilação dos prazos e termos pode significar o meio mais adequado de viabilizar toda a estrutura. Em que, uma vez atendidos todos os requisitos técnicos necessários, aguardar-se-ia a própria demanda do Mercado em si. Mesmo em cenários recessivos podem ocorrer casos de *joint-ventures*, compra e venda de empresas, e novos investimentos que justamente estejam em sintonia com toda a estrutura projetada.

Entretanto, uma estrutura do gênero possui encargos de toda sorte, que podem inviabilizá-lo, tendo como alternativa natural desativá-la para que não incorra em prejuízos muito maiores. Enquanto se pautado por prazos e condições mais próximas às oscilações de mercado todo o empreendimento pode se tornar viável em toda sua escala, num segundo momento.

5

Reestruturação de Empresas

DENTRO DA DINÂMICA EMPRESARIAL, o mercado é cíclico e se transforma rapidamente. As mudanças são rápidas, novas tecnologias mudam toda forma como o trabalho é feito, e as empresas dentro deste contexto sofrem variadas oscilações. Ao longo do tempo, muitas empresas tendem a prosperar, à medida que os negócios vão evoluindo. Com o tempo, começam a entrar em outros nichos de atividades, de acordo com a demanda do mercado e oportunidades. Entretanto, a economia é oscilante e, com o tempo, o desenvolvimento da empresa pode se tornar assimétrico. Isto é, algumas áreas continuam e são rentáveis e têm seu espaço no mercado, enquanto outras áreas ficam defasadas ou inviáveis com o tempo. Como se desenvolveram de forma integrada, acaba havendo uma confusão contábil, que pode ser melhor equacionada.

Ativos Rentáveis

Dependendo do caso, depois de certo tempo, e com prejuízos, começa a existir a pressão de credores acerca da própria empresa. Com sua continuidade, a empresa provavelmente entrará em processo falimentar, como conseqüência natural. Ocorre que muitas vezes a empresa possui ativos rentáveis que podem viabilizar todo um processo de reestruturação empresarial.

Em vista disso que muitas vezes surgem os projetos de reestruturação das empresas, com melhor gerenciamento dos ativos. Pois mesmo uma empresa que apresenta dificuldades no seu global, pode apresentar áreas extremamente rentáveis que podem ser o caminho para sua reestruturação.

Dentre os possíveis projetos é que surgem as diversas possibilidades de reorganização. Dentre elas, está a possibilidade de constituir uma empresa específica para fazer o *turnaround*. Essa empresa poderia ter como seus ativos principais justamente o que for rentável. Assim, uma vez constituída, terá maiores condições de se desenvolver dentro de suas atividades. Ao longo do tempo, poderá contribuir de uma melhor forma para reestruturação integral do negócio como um todo.

Acionistas da Nova Empresa

Do ponto de vista societário há diversos mecanismos e conceitos que atendem a um equacionamento do gênero. No caso, os respectivos credores podem tornar-se sócios, como acionistas ou quotistas dessa empresa recém-constituída. Nesse caso, pode ser feita a constituição da empresa, já com esta distribuição de quotas ou ações, ou então um posterior aumento de capital com distribuição de quotas e ações.

A debênture conversível também pode ser meio próprio, de um lado com sua característica de título e de outro podendo ser convertida em ações dessa empresa recém-constituída. Evidente que a complexidade também precisa ser levada em consideração, já que constituir uma sociedade anônima específica para tal projeto possui custo elevado. Uma solução excessivamente complexa para empresas que necessitam de reestruturação, muitas vezes acaba inviabilizando o projeto como um todo. A constituição de empresas pode ser uma tentativa da recuperação. Muitos credores preferem essa alternativa, visto a complexidade de um eventual processo falimentar. São projetos bastante estudados, com todos os seus custos e reflexos. Com colaboração de todos, estudos técnicos, jurídicos, contábeis, que permitirão avaliar melhor a viabilidade do projeto ou não.

6

Repensando as Fusões

NO FINAL DA DÉCADA de 90, houve um aquecido mercado de fusões e aquisições no mundo, e no Brasil ocorreram junto algumas das grandes privatizações. Passado todo esse período de alta do Mercado, aquecido, veio uma retração mundial total. Com uma série de crises, asiática, russa e da NASDAQ, que influenciaram de forma significativa as economias em geral.

Nesse período foram feitas diversas fusões, em especial nos EUA. Com a alta desenfreada, algumas empresas de internet aproveitaram a ocasião para comprar empresas de outras áreas, não necessariamente relacionadas a tecnologia. Após algum tempo, infelizmente a maioria dos negócios de internet não prosperou, enquanto os da economia tradicional ainda possuem alguma estabilidade mínima em seus fundamentos. A discussão que fica é a possibilidade da reversão da fusão, se é que possível.

Eventual Reversão

A reversão é um processo bastante difícil e, na maioria das vezes, quanto mais passa o tempo, mais fica inviável, já que com uma fusão, é feita toda a reorganização da empresa, não apenas no que tange aos documentos e contratos, mas refletindo em toda estrutura organizacional. Muitos departamentos são fundidos ou desativados, tornando seu reestabelecimento algo bastante complicado. Já que na maioria das vezes, inclusive toda a estrutura de acordos e contratos não vislumbra a possibilidade da reversão, visto como negócio consumado.

Estrutura que possibilite a reversão

Do ponto de vista societário, e para que seja menos inviável a ulterior e eventual reversão, a empresa pode manter sua estrutura própria. Isto é, sendo a fusão na forma de uma *joint venture*, ou então modificação nas participações societárias, nas quotas ou ações, sem fechar a empresa em si. Dessa forma, toda a estrutura operacional, de contratos, acordos, fornecedores, tributária e de registro de seus trabalhadores permanece na empresa. Podendo organizar uma forma de transição, com mais mudanças após decorrido certo prazo em que demonstre ser este o rumo efetivo. Realizar toda fusão de uma vez só poderá permitir o acerto desde logo do empreendimento, entretanto dificulta mais ainda a eventual reversão, se possível posteriormente.

Opção de Ações Condicionada

Num processo crítico de fusão e incorporação, a estrutura tradicional pode não ser mais adequada. Isto é, compra e venda de empresas, com a transferência de titularidade das ações ou quotas do capital social.

Ao invés de a empresa compradora adquirir desde logo ações do capital social, pode existir um contrato para seu exercício. Neste caso, a empresa objeto de negócio emitiria debêntures conversíveis, que seriam compradas pela empresa interessada. Após algum tempo, estariam agendadas assembléias destes debenturistas. Em que juntamente com os acionistas da empresa, administradores, funcionários, e mesmo credores, poderia se aprovar ou não a possibilidade da conversão das debêntures em ações.

7

Market Maker – Formador de Mercado gerando liquidez a valores mobiliários

A INSTRUÇÃO CVM 384 faz parte de uma nova série de regulamentos da Comissão de Valores Mobiliários brasileira, para estimular o Mercado de Capitais nacional. A figura do Formador de Mercado equivale ao já consagrado *Market Maker do* Mercado de Capitais norte-americano. Sua função é a de criar e desenvolver mercado para valores mobiliários de companhias, de forma lícita. Significa atuar no sentido de gerar liquidez a papéis no mercado de capitais. É mecanismo financeiro para criar mercado e demanda por valores mobiliários, voltada em especial para empresas com papéis novos e ainda sem mercado, bem como para empresas emissoras com valores mobiliários de pouca liquidez.

A referida instrução ressalta a vedação à informação privilegiada, já que possivelmente haverá chances do *Market Maker* ter informações com antecipação, por estarem acompanhando uma empresa e a evolução de seus papéis de perto. De outro lado, a instrução destaca a importância da vedação de condições artificiais de demanda, preço ou oferta, já que desenvolver mercado e gerar liquidez consistente não é o mesmo que gerar uma valorização irreal dos valores mobiliários. Na valorização irreal, ao cessar a atividade do *Market Maker*, o valor do papel irá despencar, enquanto na geração efetiva de liquidez cria-se um mercado para tais papéis.

As Bolsas de Valores e entidades de Mercado de Balcão deverão criar regulamentos de admissão e atividade do *Market Maker*. Assim deverão dispor sobre requisitos técnicos, credenciamento, descredenciamento, sanções, forma e limites de colocação de ordens, entre outras regras. Esses regulamentos definirão os parâmetros dentro dos quais poderá ser desenvolvida a atividade de Formador de Mercado.

Ao desenvolver atividades para determinada Companhia Emissora, o Formador de Mercado deverá informar a CVM e as Bolsas de Valores e entidades de Mercado de Balcão Organizado, sobre todos os termos e condições da relação. Informando, por exemplo, prazo do contrato, objetivo da empresa, eventual acordo sobre direitos de voto e opções de compra e venda de valores mobiliários, quantidade de ações em circulação, tudo para deixar claro o escopo dentro do qual o *Market Maker* atua.

Diante de um Mercado de Capitais em que os negócios concentram-se em papéis de poucas empresas, essa Instrução é iniciativa para se atender empresas com dificuldade de comercializar seus papéis. A realidade de diversas operações de fechamento de capital em tempos recentes deve-se principalmente à grande dificuldade que muitas empresas abertas têm de ter seus valores mobiliários negociados. Através deste mecanismo, espera-se trazer ao epicentro das negociações valores mobiliários de empresas antes sem liquidez, quase não negociados. É estímulo inclusive para lançamento de novos tipos e classes de valores mobiliários pelas empresas, e mesmo para ofertas públicas iniciais.

8

Stock Options como modelo de acesso ao Capital Social

COM O AQUECIMENTO DAS bolsas e a pulverização das ações, ganha força efetiva agora, mais do que nunca no país a remuneração via stock options. Termo associado a remuneração de funcionários da respectiva empresa através de ações dela mesma que podem ter ótima valorização com o tempo. Bonifica todos que colaboraram de uma forma ou de outra no sucesso da empresa, e de forma cada vez mais democrática.

Não é de hoje que existem mecanismos de bonificar seja funcionários ou clientes de empresas com ações. O que ocorre é que num quadro de alta como o atual, ter ações ou investimentos semelhantes em carteira, provavelmente irá significar ganhos reais. No começo, são stock options simples para adquirir ações por preço mais baixo e ganhar na diferença. Mas outros mecanismos como o bônus de subscrição poderão ser utilizados para remunerar seus funcionários e colaboradores.

Vale lembrar que os stock options só fazem sentido no cenário atual, de bolsa em alta. Mas como sempre se vê, são contratos para serem exercidos na medida em que for oportuno, já que numa recessão não fazem sentido pois ninguém irá exercer a opção. Exigem assim, acompanhamento da Bolsas e cotação de papéis para saber a adequada hora de exercer a opção e ganhar na diferença.

Os beneficiários de contratos de stock options podem também organizar clubes de investimento para melhor coordenarem esforços. É comum funcionários de uma mesma empresa se organizarem para investir na Bolsa. Juntando suas opções, podem começar a elaborar mecanismos mais complexos para diversificar investimentos. Dentre eles: 1) Com a concordância da empresa, podem por exemplo vender esses contratos de opção a terceiros interessados 2) Podem criar meios de transferir mais contratos de stock options entre outros funcionários 3) podem se utilizar de estrutura de clube de investimentos para analisar e montar carteira de ações com outras empresas. 4) a empresa pode criar diversas categorias de stock options, com características diversas. 5) podem fazer até mesmo planos para permitir swap de stock options com funcionários de outras empresas.

Seguindo uma cultura de investimentos, num meio em que várias empresas proporcionam esse mesmo benefício a seus colaboradores, é possível criar mecanismos de swap de stock options. Há duas hipóteses básicas: Na primeira, A vende e compra stock option de B, participantes de empresas distintas. Na segunda hipótese, A poderia exercer stock option relativa a empresa B e vice-versa. Isso seria mais fácil para empresa de mesma área e coligadas, em geral. Com a empresa mãe e subsidiária emitindo stock options uma referente a ações da outra.

A primeira situação é bastante clara, em que num mesmo ambiente empresarial, pessoas de empresas distintas trocariam planos das quais participam. Claro que dentro de combinação com cada empresa emissora, que permitiria ceder esse contrato de stock option. À princípio soa estranho esta idéia pois as stock options nos moldes como são feitas atualmente, são muito pessoais. Entretanto, com seu uso corrente, pode ser que venha a existir a sua permissão de transferência para terceiros. Se for para investidores teria claramente papel especulativo, e fugiria do conceito segundo o qual foi criado. Mas se transferido e trocado contratos de stock options entre funcionários de empresas do Novo Mercado por exemplo, pode ter outra caracterização.

A segunda hipótese, um pouco mais distante talvez, seria a possibilidade de emitir stock options de empresas coligadas do grupo empresarial. Por exemplo, um grupo da área de alimentos com várias subsidiárias que são Companhias Abertas, poderá emitir stock options dessas mesmas empresas do grupo, para funcionários da matriz por exemplo. Criaria-se assim a possibilidade de escolher em favor de qual empresa o funcionário gostaria de obter a stock option. Mas o swap pode ir mais adiante e permitir que empresas até mesmo sem ligação nenhuma, firme com outra também Companhias Abertas, contratos do gênero.

Na realidade o melhor mecanismo de todos, seria um stock option múltiplo. Em que empresas que oferecem tal plano, emitissem stock option para serem convertidas em múltiplas opções de ações das empresas participantes. Por exemplo, tendo 3 empresas A, B e C, firmando tal acordo de stock option múltiplo, os funcionários das três empresas poderão exercer e comprar ações de A, B ou C conforme for mais vantajoso. Nesse caso, as 3 empresas vão oferecer um benefício que só irá contribuir para aquela que tiver melhor cotação, sem prejuízo da que tiver cotação pior. Visto que o valor utilizado para compra da ação através da stock option, entra na empresa como capital novo, não cabendo falar em prejuízo por não exercício de compra de ações.

9

Underwriting como foco do Investment Banking

ESTRANHO PARA A MAIORIA das pessoas e mesmo para quem participa do mercado financeiro, a área de underwriting é o verdadeiro palco nas operações de emissão de papéis. Pois é nessa fase que os investment bankers precisam se articular e exercitar para formar um pool de investidores para os papéis das empresas que representa. Às vezes mais fácil, às vezes menos, mas é aí que o banker mostra a que veio e começa a formar mercado para os papéis as serem emitidos.

Através do bookbulding é que se começa a testar a força e demanda para os papéis de certa empresa. É meio pelo qual são feitas as reservas para investir nos títulos a serem emitidos, para a operação que se concretizará na sequência. Empresas famosas e com ótimos precedentes claramente tem facilidades de encontrar investidores para formar o preço de emissão. Empresas desconhecidas lutam contra um anonimato e estilo low profile indesejado, que pode estar dissociado na verdade, de empresa com muito potencial.

O papel do investment banker, além de montar a operação e conseguir registro no governo, é o de tentar pulverizar da melhor forma o papel no mercado. Claro que é difícil realizar proezas de vender papéis sem demanda, de empresas completamente desconhecidas. Em vista disso é que na hora de aceitar essa tarefa, o banker precisa se certificar do potencial de mercado da empresa autora da emissão. Em vista disso é que seu time de analistas de investimentos, faz todo tipo de projeções em torno da empresa, simulações e estudos de fluxo de caixa para verificar a viabilidade técnica.

Se o coordenador líder estiver diante de empresa de renomado potencial, executar esse trabalho será tranquilo, caso contrário o risco será proporcional a isso. Assim, enquanto muitos são os candidatos a fazer IPO, muitas outras empresas têm potencial para tanto e querem distância do mercado de capitais. Assim como em muitas atividades existe uma assimetria de candidatos, mas o coordenador, através de seu banker certamente fará uma triagem rigorosa para selecionar os candidatos com chances no mercado de capitais. Afinal, não só os custos são elevados como, depois se a empresa não tiver boa performance, os prejuízos serão maiores ainda, por exemplo com a estrutura contábil, jurídica necessária.

Algumas operações de mercado de capitais chegam para emissão de papéis já com investidores definidos. Ou às vezes, a emissão faz parte de reorganização societária com troca de ações. Por exemplo também, se para converter dívida de empréstimo-ponte em ações. Mas em outras vezes, é para o investidor de varejo mesmo, que demanda esse papel no mercado de capitais. Nas primeiras hipóteses, a operação já vem fechada com destino certo para seus papéis, mas no caso do varejo é risco mesmo, em emitir para o mercado em geral.

10

Leveraged Buyout: Aquisições alavancadas

QUANDO SE FALA EM aquisições alavancadas está se entrando no mundo das agressivas operações financeiras. São relativos a operações de M&A – fusões e aquisições de alta voltagem.

Existem diversas técnicas financeiras que entram em cena. Por exemplo, na década de 80, época dos conturbados escândalos financeiros de Milken, turbinavam-se compra e venda de empresas com *junk bonds*. Naqueles casos, algumas vezes utilizavam-se ações de empresas de segunda linha para pagar as compras de empresas. Basicamente, eram duas hipóteses: utilizava-se ações de alta voltagem para adquirir outras empresas, ou então de alguma forma fazia-se com que as empresas compradoras emitissem ações para pagar a aquisição.

O segundo caso é bastante interessante. Pois muitas vezes empresas menores compravam empresas maiores. Incrível, pois realizavam o impossível com base em técnicas financeiras. Por exemplo, uma empresa que está sendo ameaçada no seu setor de atividade pode estar correndo o risco de sumir por conta da concorrência. Entretanto, pode contratar o *Investment Banker* para montar sua defesa. Se o *Investment Banker* tiver bons contatos e investidores interessados no negócio, pode fazer todo o cenário se inverter.

Se houverem investidores interessados, se a empresa tiver bons balanços, e bom nome, pode viabilizar uma agressiva estratégia de *leveraged buyout*. Mesmo sendo uma empresa menor. Nesse caso, por exemplo, a empresa pode fazer uma oferta de compra da rival, a ser paga com *junk bonds* ou, depois, através de uma emissão de ações da empresa compradora, através de um sindicato de investidores montado pelos *Investment Bankers*.

Resumindo, em alguns casos o *leveraged buyout* significa comprar empresas com dinheiro emprestado, através de investidores e emissão de ações. Nisso que está a alavancagem. No modo tradicional, a empresa, para comprar outra, paga com dinheiro e troca de suas ações. Na aquisição alavancada, paga-se com ações através de futuro aumento de capital.

Isso quando em outras operações mais sofisticadas não se compra uma empresa com base em outra. Na verdade dos fatos, é necessário ter toda uma rede de investidores e uma empresa sólida. Uma empresa forte, que possa emitir papéis, e que tenha demanda por esses papéis. Com base nessa premissa é que se montam as operações. Resumindo em poucas linhas, é arrumar investidores para uma empresa comprar a outra. Em alguns casos pode significar endividar uma empresa e com base nesse capital comprar outra empresa.

Em vista disso acontece o impossível muitas vezes. Empresas menores acabam comprando empresas maiores. A emissão de ações geralmente é parte essencial porque com base nas ações é que se paga a transação. Faz-se um aumento de capital e utilizam-se tais ações para trocar pelas ações da empresa adquirida. Fica claro porque é essencial o desempenho da ação nas Bolsas. Quanto menos vale o papel da empresa adquirida, menos ações seus acionistas irão receber em troca.

11

Distribuição via Garantia Firme ou Melhores Esforços

Emissão de papéis:

Quando ocorre uma emissão de papéis, há todo um processo determinando como a distribuição deles ocorrerá no mercado. Depois de conseguir o registro da operação do órgão fiscalizador no Mercado (no Brasil, da CVM, nos EUA, da SEC), há a etapa de distribuir os títulos no mercado. Isso se chama *underwriting* e refere-se, em português, à subscrição dos títulos. Nada mais significa que a compra desses papéis que estão sendo distribuídos.

Coordenadores

A partir do montante total da operação, é feita a divisão em lotes de valores. Significa que o valor total da emissão e a tarefa de vender os papéis são distribuídos entre os Coordenadores. Cada qual recebendo a incumbência por determinado montante.

A operação de distribuição é realizada pelos Bancos, em geral do tipo Bancos de Investimento. São chamados "Coordenadores", pois são eles que vão organizar a distribuição dos títulos no mercado. Entre eles há diferentes classificações, dependendo de seu papel na operação. Se for o banco que diretamente lida com a empresa cliente e emissora, e que está providenciando toda a documentação na CVM, é chamado de Coordenador Líder. É o principal Coordenador que vai responder pela operação perante o órgão fiscalizador. Se for um banco que participa da operação contribuindo para a venda dos papéis, chama-se Coordenador Contratado. Outros que contribuem com a operação são os Participantes Especiais. Por participarem desse processo chamado de *underwriting*, são conhecidos também como *underwriters*.

Via de regra o Coordenador líder é que fica responsável pela colocação da maior parte dos papéis. Nas operações globais, há o Coordenador Local e o Coordenador Internacional para a distribuição dos papéis.

Garantia Firme

A garantia firme é uma das modalidades da forma de colocação dos títulos. Nessa modalidade, o Banco Coordenador garante a compra de certa quantidade de títulos. Isto é, se por exemplo estão sendo colocadas à venda 10.000 debêntures, e esse Coordenador presta garantia firme de 2.000 debêntures, significa que ele assegura o investimento desse valor. Isto é, poderá até encontrar interessados, mas caso ninguém se interesse pelo papel, ele "garante" e compra, p.ex., das 2.000 debêntures que garantiu. Para a empresa emissora é a melhor forma de distribuição dos papéis, pois é a certeza de que se não forem encontrados terceiros investidores, o Banco garante a compra desses papéis.

Esse método foi criado para dar segurança à empresa emissora e também permitir a procura de investidores interessados. Na prática pode acontecer de o Coordenador vender parcela que lhe cabe, e o restante que não conseguir vender no Mercado, ele garante e compra os papéis.

Melhores Esforços

Para as empresas emissoras, este é um método não muito bom, pois não garante o sucesso da operação. Mediante esse procedimento, o Coordenador exerce seus melhores esforços para tentar vender os papéis no mercado. Tenta logicamente vender o máximo possível até o montante que lhe cabe na operação. Entretanto, caso não consiga vender, não se responsabiliza pelos papéis que deixou de vender, e não é obrigado a comprá-los.

Se a empresa possui excelente nome e muitos interessados, é um método bom, pois sempre acabam surgindo interessados. Mas não é recomendado para empresas sem nome no mercado, que terão dificuldade de vender seus títulos.

Combinação de Garantia Firme e Melhores Esforços

Na maioria das vezes é feita uma combinação da subscrição, com parte colocada pela garantia firme e parte colocada pelos melhores esforços. Nesses casos, o Coordenador garante uma parte do investimento infalivelmente, e a outra tenta vender no mercado. Caso não consiga vender os papéis, fica obrigado a investir apenas a parte referente à Garantia Firme.

12

A Recompra das Ações de própria emissão da Companhia

AS AÇÕES DAS COMPANHIAS têm um valor factível, bem ou mal. Há épocas em que uma queda geral nas bolsas pode fazer todas as cotações caírem, indistintamente. Muitas vezes, nestas situações as empresas ficam com suas ações subavaliadas. Para o público em geral, bem como para as companhias, é boa oportunidade de comprar os papéis por baixo preço. Seguindo a própria lei da oferta e procura, se a empresa tiver caixa, ela recompra papéis para manter em tesouraria. Atitude que geralmente tem o efeito, ao menos teórico, de melhorar a liquidez do papel no mercado. Podendo ainda segurar uma queda na sua cotação, e evitar exageros momentâneos.

A Instrução CVM que regula essas operações é a 10, de 1980. Entre as preocupações do regulamento está evitar que se "criem por ação ou omissão, direta ou indiretamente, condições artificiais de demanda, oferta ou preço das ações ou envolver práticas não eqüitativas". Um dos próprios corolários desta regra é que o "preço de aquisição das ações não poderá ser superior ao valor de mercado". Estas regras deixam claro que o escopo é muito importante bem como seus efeitos, visto evitar em última análise a manipulação de cotação no mercado. Evitando compra por valor superior ao de mercado, objetiva-se coibir a valorização indireta do papel no mercado.

A referida instrução especifica também qual o capital que contabilmente pode ser utilizado para tais operações, e faz diversas restrições. A compra de ações da própria empresa para cancelamento, permanência em tesouraria ou alienação é prevista em função de circunstâncias especiais de mercado, e diga-se Bolsa de Valores. O valor do papel deve refletir o valor da empresa, em vista de seu próprio desempenho. Mas há épocas em que a discrepância entre o valor de mercado do papel difere demais de uma análise mais realista. É o que ocorre, por exemplo, em situações de mercado contraído.

Interessante observar ainda que existe um quantum técnico estabelecido, mediante o qual "as companhias abertas não poderão manter em tesouraria ações de sua emissão em quantidade superior a 5% (cinco por cento) de cada classe de ações em circulação no mercado, incluídas neste percentual as ações existentes, mantidas em tesouraria por sociedades controladas e coligadas". Claro que a idéia é que seja um quantum que tenha certa flexibilidade, mas sem afetar condições artificiais de preço das ações. Interessante observar o cuidado da Instrução, ao incluir nesse limite de 5% as ações eventualmente adquiridas por sociedades coligadas, de um mesmo grupo, e obviamente com os mesmos interesses.

Recentemente a CVM divulgou corolário da Instrução 10, que prevê as operações de mesmas características, qual seja ações de sua própria emissão, mas com utilização de mecanismos de opções. Neste caso, o total de ações objeto de tais operações não deverá superar "10% (dez por cento) de cada espécie ou classe de ações em circulação no mercado". Tais operações têm a mesma finalidade da compra e venda direta, mas apresentam uma atuação indireta. Visto que as operações trabalham com margens e seus contratos giram em torno do preço futuro das ações.

13

Fechamento Branco de Capital*

UMA DAS GRANDES PREOCUPAÇÕES da CVM atualmente é vigiar esses processos no mercado atual. No mercado de capitais de hoje, muitas empresas estão fechando o capital. Em vista da concentração de liquidez nos papéis de poucas empresas, somado a todos os custos operacionais para manter e ser companhia aberta com ações em Bolsas, ocorreram recentemente diversas ofertas de fechamento de capital.

Tais processos têm suas peculiaridades. Afinal, tirar as ações de determinada empresa de circulação no mercado não é tão simples assim. Principalmente se levar em consideração seus investidores. Para começar, os acionistas deverão ser consultados sobre mudança tão substancial na vida das empresas. Exige-se por Lei um quórum de aprovação de 67% de acionistas. Havendo tal índice de concordância, vem toda a parte financeira. Está aí um dos itens que gera tanta controvérsia nestes processos: o valor a ser pago no caso de reembolso. Aos que discordem e desejem exer\cer o direito de retirada, a companhia deverá pagar determinado valor, calculado por fluxo de caixa, valor contábil ou de mercado.

Em geral, assim se procede para a companhia virar

*. Artigo escrito durante a recessão da NASDAQ 2000/2002

S.A. fechada. Simples e sem mistérios, entretanto, se for analisar com cuidado, há uma série de possibilidades e caminhos envolvidos. O certo é isso, de acordo com todas as Leis e regulamentos previstos no Mercado de Capitais. Mas há casos e casos.

Dentre as irregularidades está o fechamento branco. Em alguns casos, ao invés de fazer tudo nos conformes e avisar os órgãos competentes, adotam-se outros caminhos. A empresa por operações de fusões e aquisições poderá centralizar interesses em alguma empresa mãe ou nova. Não há nada de mal nisso. Entretanto, em alguns casos pode ocorrer, por exemplo, de um grupo ir comprando mais e mais ações. Chega um momento em que as que sobram no mercado perdem liquidez. Se chegar um momento em que por razões diversas as poucas ações em circulação em mãos de acionistas perdem sobremaneira seu valor, pode-se estar diante de um fechamento branco. Lógico que se associado com a intenção de fechar o capital. Neste caso a irregularidade toda está em secar as ações do mercado, para poder comprar as restantes mais barato.

Existem diversas possibilidades e meios considerados irregulares. A questão toda é que para ser de acordo com a lei, todo o processo deve ser aprovado devidamente por acionistas, e pago um valor justo se for o caso. O aspecto ilegal do fechamento está sempre na forma que é feito, que pode significar prejuízo aos acionistas que investiram na empresa. Pelo fato de ser aberta, e enquanto o for, deve prestar contas ao mercado.

O termo fechamento branco em muito se associa a um modo de fazer o processo desavisadamente. Pode passar imperceptível, e sua própria configuração depende de uma análise do processo todo no decorrer do tempo. Somente a partir da forma como foi realizada a operação e conhecendo suas conseqüências pode-se observar se está diante de um caso assim.

PARTE III

1

Fundo de Credores: Direitos Creditórios em Concurso de Credores

EM PROCESSOS DE CONCORDATA e falimentares é sempre imprevisível se será possível reaver os créditos. Na maior parte das vezes, quando o passivo é muito maior que os ativos disponíveis, recuperar créditos é tarefa bastante difícil. Em muitos casos, o calote se configura mesmo e os credores acabam perdendo todos seus créditos. Fora o que, há todo um processo complicado e com altos custos para se acompanhar a concordata ou falência.

O concurso de credores é a figura jurídica que materializa o rol de pessoas com créditos a receber da empresa em débito. Todos que possuem valores a receber entram na lista para tentar reaver algo. Entretanto, muita discussão existe em torno de sua efetividade e eficácia. Cumprem o definido em lei, mas de forma ineficiente do ponto de vista financeiro. Isto, se forem levadas em consideração estruturas financeiras que podem ser elaboradas para minimizar as perdas.

Existem, por exemplo, em discussão judicial, alguns casos de saídas alternativas para situações do gênero. Tendo sido já bastante discutidos os projetos de criação de empresa, a partir dos ativos disponíveis, com emissão de ações aos credores. A proposta nestes casos é a de criar sociedades a partir dos ativos da empresa em questão, a qual emitiria ações, ou mesmo debêntures aos credores originais. Nestes casos, então, caberia aos credores aceitar trocar seus créditos por ações ou debêntures da empresa nova, ou não. É saída alternativa, mediante a qual os credores passariam a controlar os negócios da empresa antiga, através de uma nova empresa constituída, em que seriam os controladores.

O Fundo de Credores funcionaria a partir do concurso de credores, procurando organizar recebimento de créditos, se possível. Nele, todos os credores da empresa se organizariam em torno de um fundo de direitos creditórios. Isto é, ao contrário dos fundos de *private equity*, por exemplo, constituídos de bens, esse fundo seria útil por sua estrutura. Ou seja, os bens que formariam o fundo seriam os créditos que cada credor possui, mesmo sendo de difícil recuperação. Entretanto, sua utilidade decorreria de sua estrutura, um condomínio dividido por quotas, proporcional aos créditos de cada um. Como meio de primordialmente organizar os créditos devidos, em uma estrutura jurídica que poderá ser utilizada para outras saídas alternativas.

Processos de Concordata e Falimentares

A Nova Lei de Falências propõe criar o conceito de Recuperação da Empresa, ao invés de se centrar na intervenção e no rateio de ativos. Com a nova lei, pretende-se criar meios para que a empresa em dificuldades possa se recuperar. Através de melhores condições para que a empresa em crise tenha mais chances de fazer o *turnaround* e quitar os débitos.

O Fundo de Credores funciona como alternativa à recuperação de créditos. Tentando organizar uma estrutura jurídica análoga aos fundos de investimento, só que para recebimento de créditos. Em que um dos grandes diferenciais em relação aos fundos de investimento conhecidos no Mercado estaria no saque. Já que no fundo de investimento, via de regra, pode-se sacar os valores correspondentes às quotas. No Fundo de Credores, ao contrário, esse saque a qualquer momento não seria possível.

Concurso de Credores

O concurso de credores é a figura jurídica relativa à concorrência de credores ante mesmo devedor. Todos que possuem créditos formam concurso para cobrar créditos de mesmo devedor. Organizar os créditos apresenta certas dificuldades, cada qual com sua origem e características do negócio respectivo. Sendo elemento importante, salvo prioridades, o concurso deve cuidar para que todos recebam seus créditos na medida do possível e havendo a possibilidade de rateio, proporcional aos créditos de cada um, caso insuficiente o montante disponível para quitar os débitos.

Organização de Fundo de Direitos Creditórios em Concurso de Credores

A grande vantagem do Fundo de Direitos Creditórios é a elaboração de uma estrutura para recebimento de seus créditos. Ao contrário dos fundos de investimento, os bens, ativos, créditos, existem, mas não estão disponíveis para saque e sua conversão em moeda corrente. Mesmo assim, vale a utilização da estrutura dos fundos de investimento para organizar o concurso de credores. Através de seu funcionamento usual, é possível acompanhar toda evolução dos créditos, o montante geral, e como é realizada, por exemplo, a sua correção monetária e atualização.

Os Fundos se organizam como condomínios, em que cada credor possuiria quotas proporcionais aos seus créditos comprovados. De acordo com seu funcionamento, com as deliberações tomadas e votadas em conjunto. Numa estrutura que poderá ser convertida em empresa sucessora da devedora em questão.

Quotas de Saques e Rateios

Por sua própria natureza, ficam impossibilitados os saques a qualquer momento. Entretanto, vale sua estrutura, já que será útil para que seja feito o saque proporcional, quando disponível. À medida que forem surgindo créditos para solvência, a partir da empresa devedora, cada credor poderá fazer saque proporcional. Com sua periodicidade pautada pela própria recuperação da empresa, ou de acordo com a liquidação e disponibilização de ativos.

Segregação de Ativos e Passivos

Como citado anteriormente, esta alternativa funciona junto com as propostas de recuperação de empresas. Tais como as projetadas para serem realizadas através da segregação de ativos e passivos da empresa devedora. Em que, nestes casos, cria-se uma empresa nova, formada a partir de alguns ativos da empresa devedora. Permitindo-se separar a parte lucrativa da outra parte.

Fundo de Credores poderá ser o futuro proprietário dessa empresa com ativos disponíveis. Similar à estrutura em que se cria nova empresa, e os credores tornam-se acionistas dela, mediante conversão consensual de seus créditos em ações. Mas, no caso, o Fundo de Credores funciona como se fosse etapa intermediária, em que poderá ou não ser proprietária da empresa nova, visto que o Fundo de Credores pode ter como sócio na empresa nova algum novo investidor. Ou mesmo pode acontecer de o Fundo não ter participação direta na nova empresa, continuando separado.

Fundo controlando ou Incorporando Empresa com Ativos Rentáveis

O Fundo de Credores permite a organização inicial dos créditos. A fase de criar empresa a partir dos ativos pode acontecer ou não, já que é muito discutível sua viabilidade. Independentemente disso, o Fundo de Credores poderá utilizar muitos mecanismos comuns aos fundos de investimento, para gerenciar os créditos. Tendo como uma de suas nítidas vantagens a de esclarecer e definir quem são os credores e quanto é devido, bem como eventuais correções desses créditos, permite o acompanhamento do débito total, e das deliberações de credores.

Pode ser que não seja criada nova empresa a partir de ativos. Pode ser que existam compradores para determinadas áreas da empresa, ou mesmo investidores interessados. Seja qual for o caso, o Fundo de Credores já estaria organizado para funcionar como sócio dessa nova fase ou empresa. Gerando agilidade à dinâmica dos negócios da empresa, em que seus credores e créditos estariam bem definidos. Pronto para negociar como unidade, nas saídas para recuperação da empresa. Na pior das hipóteses, já estando com estrutura organizada para suceder a empresa devedora.

2

Lei de Falências na pauta de discussão

Linhas Mestras

Os *guidelines* que norteiam a nova Lei de Falências recorrem a uma estrutura que valorize a discussão entre credores e empresa, ao invés de esperar atitudes do Judiciário. O conceito inovador que modifica bastante a atual legislação é a Assembléia de Credores, onde serão discutidas e debatidas as eventuais e possíveis soluções para empresa em dificuldades. Só esse conceito já é um grande avanço, deixando para trás uma época em que os credores ficavam a assistir as providências do judiciário que concentrava decisões.

A idéia é dar espaço para discussões entre credores e empresas, e que sejam tais decisões levadas até suas conseqüências esperadas. Junto a isso existe toda preocupação em armar a empresa para que possa receber recursos de interessados em reativá-la. Mas de forma atraente o suficiente para que não se desinteresse pela recuperação da empresa, com a confusão com credores.

Alguns Pontos Polêmicos

Dentre os pontos polêmicos, podemos citar:

• Créditos trabalhistas

Muito embora existam críticas de todos os lados, um dos principais legados da antiga Lei de Falências no Brasil permanece. Continua a prioridade dos créditos trabalhistas, diante de todos os outros créditos. Uma peculiaridade do próprio ordenamento brasileiro, que mostra o quanto são fortes no país os interesses que protegem o trabalho e seus direitos.

• Sucessão tributária

A grande discussão é se poderia separar o passivo tributário da empresa ou não, em caso de alienação de controle, por exemplo. Um dos fatores que mais desestimulam os eventuais interessados em investir trabalho na empresa são seus passivos indissociáveis. Espera-se que seja possível dissociar a empresa dos passivos fiscais, para que se torne atrativa. Já que dificilmente alguém entrará em um negócio repleto de um imenso passivo fiscal a ser equacionado. Muito se defende a possibilidade de separar esse passivo para deixar de contaminar a empresa toda como negócio.

• Créditos extraconcursais

Quando a empresa se encontra nesse estágio, é difícil encontrar quem queira investir. O que dizer do crédito e refinanciamento, que se torna escasso. A dificuldade é real, e as empresas na maioria das vezes não conseguem mais girar o fluxo do caixa. Defende-se então que as propostas dos novos financiadores fiquem de fora do concurso de credores. Isto é, encontrem-se separados dos credores que disputam créditos na empresa.

• Viabilidade e interesses em disputa

O projeto sofre muitas críticas de que estaria protegendo grupos financeiros. De fato, o sistema financeiro com certeza é um dos principais credores, e já lucram bastante com o *spread* brasileiro. Mas isso não significa que se deva continuar com o sistema atual, que deve abrir mais espaço para discussões. No geral, a principal regra que beneficia os trabalhadores continua, e os créditos trabalhistas têm prioridade.

- Venda de ativos

O tema sempre discutido numa crise empresarial é a venda da empresa. Aqui se centra toda a discussão de se poder vender a empresa inteira ou em partes. Muitas vezes, se for rápido o suficiente, poderá contribuir muito para que os créditos sejam quitados da melhor forma. A possibilidade da venda ocasional é muito importante, e neste aspecto importa bastante como serão equacionados os passivos tributários, por exemplo. Há de se considerar que, com o tempo, muitos bens ficam obsoletos, e se não vendidos tempestivamente, até o ponto comercial pode mudar e perder de valor.

Tendências

Inegavelmente está acontecendo uma aproximação entre credores e devedores. O grande problema é manter o distanciamento como hoje, à espera de providência judicial. Situação que acaba postergando demais todo o processo, à medida que os ativos vão ficando obsoletos. Antes disso seriam necessários meios de agilizar o processo e, se possível, permitir uma reviravolta na empresa e retomada de sua prosperidade.

Mas há problemas que mesmo a reforma não irá acabar. É o caso dos altos custos desse tipo de processo. Do modo atual custa caro, e com o novo processo irá sair caro também. Na verdade, mesmo nos EUA, o processo de recuperação empresarial é discutível, já que custa caro toda a estrutura necessária. Afinal, será necessário todo o trabalho de coordenação de advogados, contadores, consultores, etc. para que seja possível organizar os credores, assembléias e planos de discussão. Já que passará a existir toda uma fase de discussão que antes inexistia, que funcionará como uma audiência pública para verificar interesses e propostas de credores.

Em vista disso é que esse novo processo, de recuperação empresarial, possui vantagens e desvantagens. O debate intenso vai existir, e será necessária toda uma infra-estrutura para isso funcionar, e todo um trabalho será envolvido. Por outro lado evita-se que os processos fiquem perdidos e dinamiza-se para que a massa falida não fique totalmente inviável e irrecuperável. O que acaba resultando em diversos credores com seus créditos insatisfeitos, como é atualmente. Com a nova lei, abrir-se-á todo espaço de discussão para que se evite a inviabilidade total do negócio empresarial e a satisfação de seus débitos.

Administração de Tesouraria – Tecnologia Financeira e o Futuro

Entretanto, na verdade, toda tecnologia financeira existente permite ir até mais adiante. Em discussão está todo controle de créditos e débitos da empresa, de sua proporção de ativos e passivos e controle de caixa. Antigamente, sem a tecnologia da informação, o controle de caixa era algo muito complexo e de grande dificuldade. Atualmente, as empresas possuem o controle *online* de estoques, caixa, saldo bancário e débitos. Na realidade, ao invés de se falar em recuperação judicial, existe a possibilidade de se discutir a administração financeira da empresa.

Houve uma grande revolução na tecnologia do sistema creditício, que pode trabalhar em conjunto com a recuperação empresarial. Uma proposta seria um sistema de verificação da proporcionalidade de créditos e débitos, ativos e passivos.

Atualmente, as empresas possuem facilidade de elencar seus créditos e débitos numa planilha. No caso, toda empresa possui os débitos principais e os menores. Com esse sistema, existiria uma miniauditoria periódica. Em que a cada espaço de tempo a empresa mostraria para os principais credores um relatório básico dos ativos e passivos naquele momento, devendo ser respeitada sempre uma certa proporção entre créditos e débitos. De forma que quanto mais próximo, e se passando um limite de segurança, os credores poderiam cobrar seus créditos e restringir os débitos.

De certa forma, os bancos fazem isso, mas apenas quando vão conceder os créditos e abrir contas. De acordo com essa sistemática, desde que de acordo, as empresas enviariam relatórios periódicos aos seus principais credores. Assim evitar-se-iam situações de apenas restringir e cobrar o crédito quando é tarde demais.

Expertise Financeira

Ocorre que, dependendo do estado da empresa, uma organização de suas contas pode fazer diferença. Pode haver tempo para um planejamento financeiro de débitos, por exemplo, estudando-se quais as melhores formas de gerenciar os empréstimos, e os meios onde o custo é menor. Mas, infelizmente, muitas vezes a empresa pode entrar logo num estado crítico de débitos, em que acabam inexistindo tais possibilidades.

Havendo os relatórios, os credores poderiam analisar e verificar se a administração está sendo feita de forma coerente. Caso contrário, poderiam restringir ou condicionar seus créditos, e assim assegurar seu retorno. Tudo de forma prévia, o que seria adequado, já que sabidamente, mesmo com a Reforma da Lei de Falências, certamente haverá um custo bem alto para gerenciar todas as propostas e interesses envolvidos na Recuperação Judicial.

3

Chapter 11

NOS EUA, O FUNCIONAMENTO da Lei de Falências é semelhante ao modo como funciona no Brasil. Sendo que há procedimentos específicos dependendo de cada caso. Mas também é um processo bastante complicado, já que envolve um aparato bastante sofisticado para funcionar, e é bastante complexo. Para as grandes empresas é uma forma de continuar a funcionar, e tentar a reestruturação, se possível. Da mesma forma há organização de uma estrutura para gerenciar a administração da empresa neste período.

Reestruturação Financeira

Gerenciar o caixa da empresa tornou-se algo mais relevante do quer nunca. Com todas as taxas, índices e reajustes, é preferível ter familiaridade com todos esses cálculos o quanto antes. É a matemática financeira cada vez mais presente na vida das empresas.

É inegável a alta complexidade e custo que um processo falimentar gera. No Brasil ou nos EUA, p.ex., entram em discussão outras alternativas, como é a administração financeira.

Uma empresa, quando se encontra em sérias dificuldades financeiras, de uma forma ou de outra, normalmente exigirá um plano organizado de recuperação. Nesse momento, a assessoria de especialistas na área pode sugerir planos de financiamento, reorganização da inteligência financeira, ao invés do processo em si.

Informativo da Administração Financeira

Numa era em que o *disclosure* ganha cada vez mais importância, pode ser adequada em alguns casos. Para evitar que, ao final de uma dinâmica de débitos, a empresa tenha de revelar todos os seus dados, poderiam ser adotadas outras medidas previamente.

Dentro do contexto da administração financeira, a empresa poderia ter uma listagem relacionando os principais credores. Com os valores que cabem a cada um deles, prazos de vencimento de títulos e financiamentos. Essa listagem traria todos os créditos que caberiam a cada um. A área da administração financeira da empresa poderia, periodicamente, mostrar a relação de ativos e passivos da empresa. Com a supervisão dos credores, representantes, por exemplo, de 40% dos débitos. Dessa forma, caso a empresa pudesse divulgar uma espécie de breve relatório financeiro, os credores poderiam ter mais segurança para realizar negócios com a empresa. Eventualmente, poderiam ter direito de previamente tentar bloquear novos empréstimos a serem efetuados pela empresa, sob risco da administração dos créditos.

4

Disposições sobre Corretoras que trabalham com *Home-Broker*

COM A EVOLUÇÃO DA internet, alguns serviços que no começo não emplacaram começam a ganhar força no Mercado. Entre estes serviços está a realização de investimentos em ações via *Home-Broker*, que começa a crescer no país. Há especial atenção a esse tipo de nicho de mercado, já que está de acordo com os atuais planos da Bovespa de democratizar investimentos, e trazer os mais diversos tipos de investidores ao Mercado de Capitais.

A Instrução CVM 380 é a que regula esse tipo de investimento, e daqui para frente tende a cobrir um tipo de operação a ser cada vez mais comum. Conquistar novos investidores, sem experiência em ações, é tarefa difícil, mas de qualquer forma já existe um público bastante cativo de pessoas com conhecimento de Mercado Financeiro, e que estariam apenas migrando para essa nova ferramenta.

Trata-se de um mecanismo ainda bastante novo, e que deverá seguir todas as regras válidas para corretagem tradicional, com algumas adaptações. Chave de todo esse novo ambiente será o papel da corretora virtual, suas rotinas e procedimentos que deverão ser criados. São diversos aspectos que deverão ser desenvolvidos pelas corretoras virtuais, para seguir as regras de esclarecimento máximo ao investidor, incluindo os riscos inerentes a esse tipo de atividade.

As corretoras deverão esclarecer aos seus investidores seus procedimentos de cobrança de corretagem, tempo de atendimento, sistema de segurança, riscos, cotações, e entre outras informações uma espécie de cartilha introdutória para quem deseja iniciar suas atividades. A preocupação toda deve ser informar ao máximo ou colocar à disposição do investidor todas as informações sobre essa atividade para que o investidor esteja ciente de sua natureza. Acima de tudo, situar o investidor no Mercado Financeiro, sua estrutura e funcionamento, órgão regulador, e forma de atuação do governo ao coordenar seu funcionamento. Aproximando o investidor junto à CVM – Comissão de Valores Mobiliários – e às Bolsas de Valores, que formam, com as empresas e corretoras, os pilares de funcionamento do Mercado de Capitais.

Tendo em vista a rapidez em que as informações se espalham na internet, há especial atenção contra *insider trading*, e manipulação de valores. Sendo muito comuns, pelo mundo todo, fóruns de discussão e *mailings*, através do qual se espalham as mensagens. Para evitar uso indevido, contra os princípios que regem o Mercado de Capitais mundial, há exigência de que, em se tratando de grupo de discussão financeiro, todos os participantes sejam identificados. Procurando-se assim evitar informações irregulares não identificadas que podem influir no mercado. Assim como as ordens efetuadas pelos investidores pelo *Home-Broker*, as mensagens em grupos de discussão do gênero serão gravadas e arquivadas por cinco anos.

Juntamente com as cotações oficiais, há ênfase para que haja adequada divulgação de informes de companhias abertas, pois os fatos relevantes constituem informações oficiais e notícias diretamente da fonte. Haja visto que, independente de internet, as companhias abertas já são obrigadas a informar todos os seus passos relevantes aos mercado. Nesse contexto a internet apenas agiliza sua divulgação ao Mercado, de forma prática.

Supervisionando tudo estão a CVM e as Bolsas de Valores. Devendo as corretoras prestar contas sob auditorias que visam a verificar a evolução, regularidade e consistência de todo o serviço de *Home Broker* oferecido por cada corretora. No intuito de melhorar sempre a qualidade do serviço, é feita avaliação de tempo para execução de operações. Fato de suma importância num ambiente altamente líquido, e sensível a risco de mudanças repentinas de uma hora para outra.

5

Descruzamento de Participações

ESSA OPERAÇÃO É BASTANTE comum no universo societário, em que diversos grupos financeiros, ou *holdings*, destrocam ações que possuem nas mesmas empresas. Isso acontece porque na compra e venda de empresas muitas vezes são feitos investimentos em conjunto, e com o tempo os grupos empresariais optam por centralizar seus esforços em menos empresas. Decorre de uma operação complexa, geralmente associada a investimentos em companhia aberta, que demandam grande volume de capital.

Isso acontece muitas vezes em vista da constituição de consórcios para investimentos em compra e venda de empresas, ou Project Finance, por exemplo, que se realizam através da constituição de sociedade de propósito específico – SPE. Estas empresas SPEs podem ser sociedades anônimas ou não, geralmente relacionadas a grandes investimentos, e participação por parte de diversos grupos empresariais.

Razão para investimentos cruzados

Investir conjuntamente com outros numa mesma empresa é uma estratégia comum. Ao agir assim diluem-se os riscos com outros investidores, evitando-se a eventual concentração de prejuízos. Mesmo porque investimentos realizados em companhias abertas são geralmente de alto valor, muitas vezes sendo necessários diversos investidores para aplicar capital no projeto. De qualquer forma, na compra e venda de uma empresa, é bastante comum a formação de consórcios para investimentos.

Os investimentos conjuntos podem fazer parte de uma estratégia empresarial. Ao possuir ações de uma empresa, esse investidor de certa forma estará participando de suas atividades. Isto é, por exemplo, se possuir um mínimo de participação, poderá ter acesso a relatórios da referida empresa objeto investimento. Nesse caso poderá acompanhar a evolução de suas atividades, podendo até indicar conselheiros do conselho de administração se for o caso. Do ponto de vista da estratégia empresarial, isso é muito importante para que o investidor possa tomar suas decisões. Visto que essa empresa poderá ter um desempenho bastante interessante na sua área de atuação, com o tempo.

Ao ser acionista da empresa, poderá, por exemplo, exercer seu o direito de preferência, e comprar mais ações da empresa objeto de investimento. Se o negócio for atrativo, e esse investidor possuir ações dessa empresas, já terá um caminho aberto para participar de suas atividades. Como acionista, mesmo que minoritário, terá mais facilidade de participar dessa empresa, e ampliar seus investimentos nela com o tempo, se assim decidir.

Pode-se dizer que investimentos cruzados e de diversas empresas do mesmo ramo, ou de áreas diferentes, podem funcionar como um contrato de opção. Além do portfólio variado de investimentos, diversificando seus riscos, será possível com o tempo dar continuidade aos investimentos e opções que escolher. Isto é, ao invés de concentrar todos os investimentos numa só empresa, pode-se diversificar o risco. Ademais é sempre imprevisível saber quais empresas e negócios que serão bem-sucedidos no futuro. Ao realizar investimentos em diversas empresas, poderá deixar para concentrar investimentos numa só empresa no futuro. Em decorrência do desempenho dessa empresa ao longo do tempo. O investidor dessa forma terá a opção de diversos investimentos e pode deixar a escolha de qual seguir para o futuro.

Vale dizer que o mercado é muito dinâmico e existe muita oscilação. As empresas podem tornar-se líder de repente ou mesmo entrar em dificuldades de uma hora para outra. Assim, é bastante prudente participar de diversas rodadas de investimentos e acompanhar como cada empresa irá se comportar. Logicamente optando por manter investimentos das empresas lucrativas de acordo a estratégia do grupo empresarial. Nem que se tenha uma posição minoritária, isso permitirá acompanhar a evolução do desempenho da empresa e permitirá obter informações sobre ela, seus relatórios, e se for o caso exercer direito de preferência.

Razão para Descruzamentos

A principal razão para essa operação é a concentração de esforços em menos empresas. Focando-se investimentos, tecnologia, estratégia num leque menor de empresas. Com o tempo, geralmente os grupos empresariais acabam focando numa área de atuação. Os competidores e a concorrência tendem a se definir, o que acaba sendo uma opção natural. Muitas vezes os investimentos em consórcio de empresas são feitos em situações extremas e instabilidades do mercado. Nestas circunstâncias é difícil ter um julgamento adequado de como cada empresa irá se comportar no futuro. Mesmo porque a decisão de concentrar os esforços numa empresa depende de diversas circunstâncias, que só ficam claras com o passar do tempo.

Ao realizar descruzamento e participações, também se estará preparando a empresa para eventual compra e venda. Ao deixar claro como é seu quadro societário, obviamente é mais fácil realizar qualquer processo de fusão, por exemplo. Ao passo que se a empresa tiver muitos investidores, e um quadro societário confuso, qualquer negociação neste sentido ficará muito mais complicada. Com os controladores bem definidos e as ações de sua titularidade, os minoritários, e tudo mais, fica mais fácil planejar o futuro da empresa.

Uma conseqüência natural do descruzamento de participações é que o resultado disso será maior autonomia dos grupos controladores resultantes. Assim, as decisões empresariais ficarão facilitadas, e até se exigirá um quórum menos diversificado de aprovação. Nem é preciso citar que, com um quadro societário muito diversificado, todas as decisões precisam ser muito debatidas, causando muito desgaste. Com a definição do grupo controlador para cada empresa, a tendência é diminuir os atritos no Conselho de Administração da Companhia. Evidentemente que a estratégia empresarial poderá ser traçada com maior autonomia pelo grupo controlador restante.

O Descruzamento de participações típico

O descruzamento de participações dessa modalidade acontece quando grupos empresariais se desfazem mutuamente de investimentos, de ações que possuem nas mesmas empresas. Isto é, os grupos se concentram cada qual em uma empresa ou poucas empresas e vão trocando ações que possuírem em outros negócios por ações dessas empresas, que escolherem. Por exemplo, num cenário com cinco empresas e cinco investidores, grupos empresariais, pode acontecer que os cinco investidores tenham ações, cada qual, nas mesmas cinco empresas. Neste caso todos os grupos empresariais participam das empresas, muito embora cada qual com uma percentagem diferente. Com o descruzamento, cada investidor irá se concentrar em uma ou duas empresas. As ações que não forem dessas empresas, escolhidas, ele irá vender aos outros grupos de investidores ou trocar por ações das empresas que tem interesse.

No processo de privatização brasileiro, por exemplo, para cada empresa objeto de privatização existiam diversos grupos de investidores interessados. Cada consórcio que pretendia comprar as empresas a serem privatizadas era formado por diversos grupos de investidores. Como resultado da privatização, a empresa nessa nova fase após o leilão possuía um grupo controlador formado por diversos investidores. Formando um quadro societário bastante complexo refletido por acordos de acionistas sofisticados prevendo toda metodologia para votação, tomada de decisão, eleição de conselheiros, etc., que dependia de aprovação de diversos acionistas do bloco controlador.

Após quase dez anos do auge do processo de privatização, estão ocorrendo atualmente no mercado diversas movimentações de descruzamento de participações, com a definição da concorrência, e dos grupos controladores em cada empresa. Claro que isso não é regra e muitas empresas privatizadas ainda possuem um quadro societário bastante complexo formado por diversos investidores.

O Descruzamento de participações natural

O descruzamento de participações natural acontece quando com o passar do tempo o grupo investidor participante do bloco de controle vai perdendo força. Por exemplo, se deixa de participar de aumento de capital, deixa de comprar ações, bônus de subscrição, debêntures conversíveis, e deixa de exercer direito de preferência nas emissões de papéis. Por desinteresse mesmo ou de acordo com sua estratégia, esse grupo investidor vai deixando de lado seus investimentos nesta empresa. Passando a ser, com o tempo, ao invés de participantes do bloco controlador, mais um minoritário da empresa. Resultando numa participação minoritária cada vez mais fácil de se desfazer.

Descruzamento por meio de oferta pública

Isso acontece quando um dos investidores acionistas da empresa decide aumentar bastante sua participação. Dependendo do grau planejado, será necessário fazer oferta pública ou não. Pode ser caso de descruzamento de participação ou não, dependendo de como será feito o pagamento das ações que pretende comprar em oferta pública. Se as ações a serem compradas serão pagas em dinheiro, não há descruzamento, mas se houver pagamento com ações, pode ocorrer uma hipótese de descruzamento. Isso pode acontecer se o acionista que estiver vendendo ações receber em pagamento ações de outra empresa de que também seja investidor. Ainda mais se fizer parte do grupo controlador desta outra empresa.

6

Joint Ventures, Consórcios e Sociedades de Propósito Específico – SPE

Joint Venture e Parcerias Comerciais

As parcerias comerciais podem ser feitas de diversas formas, e de diversos tipos e modelos. Desde uma simples parceria para executar algum tipo de atividade, aproveitando sinergias entre as empresas envolvidas, até esquemas mais complexos envolvendo a criação de uma empresa própria. Afinal, utilizando-se de estrutura e *know-how*, e combinando expertise, é possível se alcançar melhores resultados. As parcerias vão desde a troca de informações até a criação de estrutura complexa para desenvolver determinada atividade. Nas licitações, são comuns os consórcios formados por diversas empresas, disputando a concessão para explorar alguma atividade. Tais consórcios se materializam em SPE – sociedades de propósito específico –, tendo como sócios as consorciadas. Há discussão se as *joint ventures* podem ser formadas por pessoas físicas também, mas para muitos a *joint venture* somente vale para pessoas jurídicas.

SPE

As sociedades de propósito específico – SPE (Special Purpose Company - SPC) – podem ser criadas em diversas circunstâncias. Em geral, trata-se de uma empresa que acaba refletindo inicialmente alguma necessidade jurídica, sendo que muitas vezes nunca saem do papel ou se materializam. Seja para concorrer em uma licitação, seja decorrente de um equacionamento societário ou devido a um planejamento tributário, essas empresas são bastante comuns.

Quando associadas a planejamento tributário, muitas vezes são formas utilizadas para se pagar os impostos da melhor forma possível. Já que quando se trata de megacorporações, com múltiplos impostos, ágio e créditos tributários, pode-se executar tudo de forma mais racional através do planejamento. Quando associadas a composição societária, podem ser um meio de equacionar as participações de diversos acionistas em algum empreendimento, que influi diretamente no controle da empresa principal. De uma forma ou de outra, muitas empresas acabam nascendo assim, como uma SPE, por necessidades tributárias ou societárias e depois acabam se materializando em uma empresa e área dentro do grupo empresarial.

SPE para licitação

Nas licitações são formados os consórcios*** que buscam autorização para desenvolver determinada atividade. Nesses processos, há uma série de formalidades e requisitos a serem atendidos, e as empresas que formam o consórcio devem ter todo o projeto da empresa que irá explorar a atividade. Detalhando todas as características dessa SPE, como sócios, composição societária, e como será a estrutura para executar a atividade. Sendo comum nas licitações a exigência de capital distribuído de forma equânime entre os sócios, para evitar controle majoritário. O prazo muitas vezes é determinado para SPEs que surgem de licitação, e costumam terminar com o fim da concessão.

Tipo Societário

De modo geral, as SPEs podem ser tanto uma limitada como uma sociedade anônima, dependendo apenas de seu escopo. Mesmo a empresa limitada pode ser transformada numa sociedade anônima com o tempo, e de acordo com as necessidades. Há de se observar que as limitadas eram comumente utilizadas também como SPE, dada sua facilidade de constituição, simplicidade e praticidade. Com o Novo Código Civil, prevê-se a possibilidade de utilização da estrutura da sociedade anônima para as sociedades limitadas. Ainda é cedo para se saber qual será a opção dos empresários, na formação das SPEs. Mas, sem dúvida, irá pesar a versatilidade na constituição e gereciamento da sociedade.

Transformação em S.A. aberta

Muitas SPE nascem como sociedades limitadas ou sociedades anônimas fechadas e com o tempo abrem o capital e lançam ações na Bolsa de Valores. Muitas vezes tem todo um caminho propício a isso, já que a SPE pode ser resultado da combinação de empresas que já têm bastante espaço e experiência de mercado. Isso significa maior facilidade para abertura de capital, e algumas SPE que caminham por essas etapas já chegam bem fortes na

Bolsa de Valores. Inclusive com um tributário, contábil e societário tão preparado que já podem até entrar de cara no Novo Mercado da Bovespa, que possui mais requisitos para listagem.

SPE na Securitização de Recebíveis

As SPE também são utilizadas nas sofisticadas operações de securitização de recebíveis. Nesse caso, são estruturadas operações de atacado para captação de recursos através do mercado de capitais. Para a própria segurança do investidor, é feita uma segregação de ativos para uma SPE. Essa sociedade de propósito específico irá receber os direitos creditórios da empresa principal, normalmente através de uma cessão de créditos. Com base nesses direitos creditórios, a SPE consegue captar recursos em escala no mercado de capitais. É o típico caso de montagem de operação financeira para viabilizar o fluxo de caixa da empresa, da forma mais viável possível em relação ao mercado. São comuns operações do gênero com empresas de energia, que emitem debêntures e conseguem capital com base nos valores que têm a receber pela venda de energia elétrica.

Riscos e Caução de Ações: Project Finance

Outro aspecto na criação da SPE é a segregação de riscos, em que as responsabilidades do empreendimento limitam-se a SPE e não são extensíveis às empresas que a formam. Aspecto essencial que isola a SPE dos encargos e riscos de suas empresas sócias e que nada tem a ver com o empreendimento. Além do que como geralmente estão relacionados a megaprojetos, superestruturados, denominados *project finance*, podem dispor suas quotas ou ações para ser objeto de caução. Garantia comum, já que normalmente são empreendimentos de amplo porte e que são viabilizados através de financiamentos de atacado. Investimento por sua vez aplicado mediante boas garantias, como pode ser o caso de caução de ações da SPE. A estrutura jurídica da SPE viabiliza também a contratação de seguros em *Project Finance*, já que através de todo controle contábil, fiscal e societário comum a qualquer empresa, sujeito a auditorias, é possível que se acompanhe a evolução adequada de todo o projeto, dando-lhe transparência.

SPE e fusões e aquisições

As sociedades de propósito específico estão intimamente ligadas a processos de fusões e aquisições. Em que, por exemplo, nos casos de SPE por motivos tributários ou societários, é bastante comum a SPE incorporar empresas ou ser incorporada. Em muitos casos a SPE é uma etapa dentro de um processo de consolidação empresarial, um preparativo para o que será a empresa no futuro. Há toda uma parte estratégica nessas operações, já que é comum estar diante de situações de empresas com ativo ou passivo a ser equacionado. A SPE pode ser uma empresa a ser preparada para absorver uma outra, de acordo com um grande planejamento fiscal e contábil.

****Capítulo XXII da Lei das Sociedades Anônimas*

Consórcio

"Art. 278. As companhias e quaisquer outras sociedades, sob o mesmo controle ou não, podem constituir consórcio para executar determinado empreendimento, observado o disposto neste capítulo.

§ 1º O consórcio não tem personalidade jurídica e as consorciadas somente se obrigam nas condições previstas no respectivo contrato, respondendo cada uma por suas obrigações, sem presunção de solidariedade.

§ 2º A falência de uma consorciada não se estende às demais, subsistindo o consórcio com as outras contratantes; os créditos que porventura tiver a falida serão apurados e pagos na forma prevista no contrato de consórcio.

Art. 279. O consórcio será constituído mediante contrato aprovado pelo órgão da sociedade competente para autorizar a alienação de bens do ativo permanente, do qual constarão:

I – a designação do consórcio, se houver;

II – o empreendimento que constitua o objeto do consórcio;

III – a duração, endereço e foro;

IV – a definição das obrigações e responsabilidade de cada sociedade consorciada, e das prestações específicas;

V – normas sobre recebimento de receitas e partilha de resultados;

VI – normas sobre administração do consórcio, contabilização, representação das sociedades consorciadas e taxa de administração, se houver;

VII – forma de deliberação sobre assuntos de interesse comum, com o número de votos que cabe a cada consorciado;

VIII – contribuição de cada consorciado para as despesas comuns, se houver.

Parágrafo único. O contrato de consórcio e suas alterações serão arquivados no registro do comércio do lugar da sua sede, devendo a certidão do arquivamento ser publicada."

7

O *Green Shoe* e as Práticas de Estabilização

Práticas de Estabilização

As chamadas práticas de estabilização de preços consistem em mecanismos financeiros para evitar queda abrupta no preço das ações. Numa oferta pública, há empresas com clientes cativos, e de performance comprovada. Entretanto, há outras empresas em que o próprio mercado desconhece o interesse por suas ações. De qualquer forma, todas as ofertas públicas de papéis estão sujeitas a qualquer instabilidade, momentânea da economia. Como é sabido, podem ter grave repercussão numa oferta pública, e é fator decisivo para o sucesso da operação.

Na realidade, as chamadas práticas de estabilização atendem a um requisito básico de qualquer oferta pública: qual seja, tentar gerar certa estabilidade ao papel ofertado ao mercado. Na prática, funcionam como uma manipulação autorizada no preço dos papéis, já que pelo motivo justificado, de tentar assegurar o sucesso da operação de emissão de determinados valores mobiliários. Tal prática é válida tanto para oferta com ações, como também para debêntures, por exemplo.

Green Shoe – aumento da oferta – overallotment option

O chamado "green shoe" é um mecanismo financeiro típico no processo de *underwriting*. Quando ocorre uma emissão de valores mobiliários há sempre um montante geral da operação, por exemplo, de R$ 1 bilhão. Através do mecanismo do *green shoe*, o *underwriter*, como responsável por coordenar a distribuição dos valores mobiliários, pode pedir para a empresa emissora aumentar o montante da oferta. Quer dizer, através deste mecanismo, o *underwriter* pode solicitar uma venda de um excedente ao combinado, que geralmente fica entre 15% e 20%. No exemplo citado, ao exercer a opção do *green shoe*, o *underwriter* venderia R$ 150 milhões além do R$ 1 bilhão inicial, que somados aumentariam o total da emissão para R$ 1,150 bilhões.

O *overallotment* consiste nessa opção de aumentar o montante dos valores mobiliários emitidos. Evidente que esse mecanismo financeiro funciona de acordo com a demanda pelo papel. Claro que empresas sólidas têm muito mais chances de ter demanda certeira por seus valores mobiliários, e com freqüência poderão utilizar-se do mecanismo do *green shoe*. Trata-se de mecanismo específico que somente é utilizado em algumas operações, por estratégia dos bancos coordenadores da distribuição, chamados de *underwriters*. Já que se a empresa, por diversas razões, não tiver demanda por seus valores mobiliários, poderá não vender sequer a totalidade dos papéis ofertados.

Acima de tudo, o *green shoe* vincula-se à própria estratégia adotada pelos bancos coordenadores. Num mercado aquecido, a probabilidade de sucesso na utilização deste mecanismo é certamente maior. Ao contrário, num ambiente de crise, mesmo a melhor das empresas pode se abster de utilizar tal mecanismo de distribuição de valores mobiliários.

Syndicate Short Position

A chamada *Short Position* é quando se vende previamente os valores mobiliários, objeto de oferta pública. Através da posição vendida, os bancos coordenadores da emissão tentam fechar com clientes previamente os negócios. Consiste em uma forma de garantir o sucesso da operação de oferta de valores mobiliários. Fechando negócios na certeza, ficam "vendidos" e já garantem a demanda pelos papéis.

O detalhe é que a Posição Vendida pode ser combinada com o *green shoe*, ou não. O sindicato dos bancos e corretoras que coordenam a oferta de valores mobiliários podem vender mais do que efetivamente têm disponível inicialmente. Como meio de garantir o sucesso da operação, podem ficar vendidos, arrumando mais compradores que produtos. Ocorrendo isso, têm duas opções:

Podem utilizar-se do *green shoe*, e assim conseguir concluir a venda de papéis a mais. Nesse caso, os bancos coordenadores e *underwriters* solicitam emissão adicional de valores mobiliários pela empresa emissora. Ou então simplesmente compram os mesmos papéis no mercado para cobrir as operações. A segunda opção pode atender a situações em que os investidores se desfazem rapidamente dos papéis. Para evitar queda na cotação, os coordenadores cobrem a posição vendida comprando os papéis dos investidores que estão se desfazendo rapidamente deles. Caso contrário, exercem o *green shoe*, aumentando o montante inicial da oferta.

Stabilization Bid – Pure Stabilization com Flags

Através das ofertas de estabilização, os coordenadores da operação fazem uma oferta pública e simultânea, só que de recompra dos papéis, visando enfrentar pressão vendedora, garantindo recompra e evitando queda na cotação. A desvantagem é que esse tipo de oferta é avisado nas Bolsas de Valores, e ficam sinalizados. Evitam uma queda abrupta no preço do papel, já que os bancos coordenadores se comprometem a enxugar o mercado deles. Entretanto, é malvisto pelo mercado, já que é um sinal de descrédito na oferta pública. Nem é necessário citar que crédito e confiança são tudo nesse mercado.

Penalty Bids e o Flipping no Aftermarket

As penalidades são meios de se evitar que os próprios coordenadores estimulem o desfazimento dos papéis. São diversas penas e práticas de desestímulo ao *flipping*, que é o desfazimento rápido dos papéis. Isso envolve, por exemplo, a própria escolha do perfil de investidores, sendo óbvio que se buscam aqueles que irão manter os valores mobiliários consigo, pelo menos num primeiro momento. Já que, se os coordenadores venderem os papéis para quem vai se desfazer deles rápido, certamente causará pressão vendedora. Situação essa que possivelmente vai forçar a baixa do papel, podendo comprometer o sucesso da oferta pública desses valores mobiliários.

O que é mais utilizado na prática

Na prática há combinação de estratégias, com *penalty bids* que evitem desfazimento e venda rápida dos papéis, associado à montagem de sindicato de coordenadores que garantam a demanda. Já que não adianta montar boa demanda, se todo mundo vender logo os papéis. O ideal é garantir a demanda com posição vendida, para bons investidores, de preferência; cobrindo o excesso da posição vendida comprando papéis dos que se desfazem rapidamente deles; exercendo o *green shoe* na eventualidade de inexistirem valores mobiliários no mercado, e com determinado preço, suficientes para atender a oferta.

8

O *Tag Along*, o *Drag Along* e o Prêmio: Compra e venda de controle

Tag Along

O chamado *tag along*, em português, é o direito de venda conjunta no caso de operações de compra e venda de ações de uma empresa. Especificamente, trata de operações através das quais o controlador consegue vender seu bloco de controle a terceiro. Podendo ocorrer inclusive ágio na compra de ações desse bloco de controle da empresa S.A. aberta. Os minoritários por sua vez pleiteiam por um direito de também serem beneficiados por operação do gênero. Assim, como pode ser de interesse do acionista minoritário vender conjuntamente suas ações, há o chamado *tag along*, que funciona como direito de venda conjunta.

O bloco de controle em si possui valor decorrente de seu poder de controle sobre a empresa, que justificaria até eventual ágio na sua venda. O acionista minoritário, por outro lado, hipoteticamente investiu e acreditou na empresa, e deve merecer tratamento equânime. Através do mecanismo do *tag along*, cabe-lhe exercer o direito de vender conjuntamente suas ações por preço compatível. Seja porque deseja sair da empresa em decorrência da entrada de novo controle, ou mesmo pela oportunidade de venda de suas ações minoritárias.

Há grande controvérsia em torno do tema. Já que o bloco de controle por possuir poder de direção em si sobre a empresa teria justificado eventual ágio. Situação diferente da vivida pelo acionista minoritário, que entretanto não pode ser prejudicado, ignorado ou ficar sem opções.

O que a Lei das S.A. diz

"Art. 254-A. A alienação, direta ou indireta, do controle de companhia aberta somente poderá ser contratada sob a condição, suspensiva ou resolutiva, de que o adquirente se obrigue a fazer oferta pública de aquisição das ações com direito a voto de propriedade dos demais acionistas da companhia, de modo a lhes assegurar o preço no mínimo igual a 80% (oitenta por cento) do valor pago por ação com direito a voto, integrante do bloco de controle.

§ 1º Entende-se como alienação de controle a transferência, de forma direta ou indireta, de ações integrantes do bloco de controle, de ações vinculadas a acordos de acionistas e de valores mobiliários conversíveis em ações com direito a voto, cessão de direitos de subscrição de ações e de outros títulos ou direitos relativos a valores mobiliários conversíveis em ações que venham a resultar na alienação de controle acionário da sociedade."

Depois de amplas discussões, chegou-se ao percentual da atual lei. Que tenta ao menos garantir um mínimo de razoabilidade para demais acionistas diante de operações complexas, como é a troca de controle. Trata-se de mecanismo importante no societário da empresa, e de relevância e ampla discussão na Reforma da Lei das S.A. Visto que não é letra morta, dado seu exercício efetivo no universo de operações de compra e venda de empresas.

Drag Along

O *drag along* é o contrário. Através desse mecanismo, o grupo de controle pode assegurar contratualmente para si o direito de vender junto ações de demais acionistas. Na tradução literal, ao exercer o *drag along* numa operação de compra e venda de bloco de ações, arrasta-se junto ações de outros acionistas da empresa. A idéia é permitir que o candidato à compra do bloco de ações possa comprar outras ações que lhe permitam ter parcela de controle ou até o controle total da empresa. Por meio desta opção, o investidor-comprador pode forçar a compra de ações não só de um bloco de ações, mas outras ações de outros acionistas. Pode servir também para evitar acionistas e interferência indesejada na empresa.

Prêmio aos acionistas minoritários

Há também os acionistas que numa operação de compra e venda de ações do bloco de controle resolvem permanecer na empresa. Como bônus podem receber o chamado prêmio, que é a diferença entre o valor da ação pago ao controlador e seu respectivo valor de mercado. Se foi previsto o *tag along* para os que querem aproveitar a oportunidade e sair da empresa, nada mais justo que remunerar quem fica. Estendendo aos acionistas que optaram por ficar na empresa, junto com o adquirente do bloco de controle, valor proporcional relativo a eventual ágio pago pelo controle.

"§ 4º O adquirente do controle acionário de companhia aberta poderá oferecer aos acionistas minoritários a opção de permanecer na companhia, mediante o pagamento de um prêmio equivalente à diferença entre o valor de mercado das ações e o valor pago por ação integrante do bloco de controle."

9

Pequenas Companhias Abertas e a alternativa de Debêntures Conversíveis

O FUTURO DO MERCADO de capitais de qualquer país passa pelas médias empresas. Numa fase de desenvolvimento inicial, quem alcança a força do mercado de capitais e consegue listar suas ações em Bolsa de Valores são as gigantescas Corporações. Naturalmente têm espaço garantido nesse mercado, que inclusive é um equacionamento à multiplicidade de interesses e sócios de empresas desse nível. São essas empresas que vão se tornar referência nos índices, e que provavelmente seus papéis terão liquidez, em condições normais.

Numa fase posterior, de maior amadurecimento, está o acesso ao Mercado de Capitais para empresas de menor porte. Entretanto, em qualquer lugar do mundo, essas empresas são sinônimo de alto risco, e dificuldade de negociar seus papéis. No Brasil não é diferente, e não é à toa que são raras as operações do gênero nas bolsas brasileiras.

Há diversas sugestões para tentar ativar esse mercado. Entre elas está a utilização da debênture conversível pelas companhias abertas menores. A debênture conversível está sendo cada vez mais utilizada no país. É um papel que combina características de renda fixa assim como a volatilidade da renda variável.

Sua principal vantagem é que no Brasil o mercado financeiro já está se familiarizando com esse tipo de título. Justamente, caso seja aplicado às emissões de papéis de companhias abertas menores, atende a uma deficiência da ação de empresas deste perfil. Já que, se a ação dessa companhia aberta de pequeno ou médio porte não atingir certo grau de liquidez, a remuneração como papel de renda fixa estaria garantida.

Quando se investe em renda fixa, que pode ter rendimento pré ou pós-fixado, o principal fator que implicará na remuneração do papel são os juros e condições de mercado. São adequados quando não se tem interesse em participação societária na empresa. Investimento em ações possui outro perfil, entretanto sujeito a oscilações muito maiores de mercado. Ações de empresas bem-sucedidas têm a tendência a possuir boa liquidez no mercado, e de acordo com a performance da empresa podem se valorizar bastante. Além do que, se for um papel bem negociado no mercado, é fácil de se transformar em moeda corrente. Ao contrário do título de renda fixa, que é mais difícil de ser negociado. Por outro lado, por ser tratarem de empresas menores, o risco todo envolvido é maior, e isso reflete na cotação e demanda das suas ações.

A debênture conversível pode ser uma solução razoável por combinar as duas características. O investidor fica protegido, uma vez que um mínimo é garantido pelo lado de renda fixa do título. Caso a empresa tenha boa performance e consiga gerar liquidez a suas ações, provavelmente será negócio converter o valor da debênture em ações. Seja para manter o investimento ou para realizar lucros. Um aspecto bastante positivo é que, embora seja um tipo de investimento complexo, já são bastante comuns emissões de debêntures desse tipo – *convertible securities*. Já com certos precedentes na cultura financeira local.

É uma forma de combater o medo dos investidores de investir em companhias abertas de menor porte. É a garantia de um retorno mínimo do investimento, que pode ser melhor ainda de acordo com a performance da empresa. Funcionaria bem também, se fosse estipulada a obrigação de a empresa em manter uma reserva de caixa específica para garantir parte do resgate desse tipo de debênture. Na pior das hipóteses, o investidor teria no mínimo um retorno de papel de renda fixa, na eventual decepção quanto à performance da ação.

10

Debênture Conversível como contrato de Opção

Contrato de Opção

O funcionamento da debênture conversível é como o de um contrato de opção. Em que no seu cerne está a possibilidade de converter o título em ações. O debenturista possui então a opção, de acordo com as características da debênture, de converter o valor do título em certo número de ações. Caso seja desvantajoso, pode deixar de exercer a opção e manter a debênture como título de renda fixa.

Vantagem do exercício da Opção

Na escritura da emissão é definido o cronograma e as condições de conversibilidade. De forma simples, é feita uma projeção da evolução da cotação do papel. Em geral, se o valor da cotação da ação da empresa crescer bastante, torna-se vantajosa a conversão. Já que na debênture conversível é feita uma projeção de evolução da cotação e há tabela de conversibilidade pré-definida. No caso de a cotação subir muito, provavelmente exercendo a opção, o debenturista poderá utilizar o valor da debênture para "comprar" a ação por preço menor.

Por outro lado, se ocorrer de a cotação das ações

cair, estagnar, em decorrência de crise geral, p. ex., será mais vantajoso deixar de exercer a opção. Neste último caso, o debenturista será remunerado pelo papel de acordo com taxas pré ou pós-definidas na escritura da emissão.

Quantificando a vantagem da conversão

A debênture tem um valor, remunerado como renda fixa. Multiplicando-se o valor da cotação da ação em determinado momento, pelo número de ações a serem convertidas, obtém-se o valor convertido da debênture. Se esse valor for maior que o título remunerado só pela renda fixa, vale a pena a conversão. Para se saber de quanto foi o prêmio de conversão, é só dividir a diferença entre o valor da cotação no mercado com o valor fixo pré-definido, pelo mesmo valor pré-definido. Com esse cálculo simples, obtém-se o valor do ganho com a conversão.

Peso da debênture na composição do capital social

A debênture conversível é um papel com características especiais, dada sua possível influência no capital social. As operações de emissão de debêntures são investimentos tipicamente de atacado, e envolvem muito capital. Lógico que se o debenturista e investidor decidir converter todas as debêntures que possuir, isso vai pesar na distribuição do capital social. Podendo até em casos extremos, aparentemente de uma hora pra outra, mudar o controlador. Em vista dessas suas características é que também requer atenção especial, em se tratando de direito de preferência. É uma forma indireta de comprar ações da empresa, mas ao mesmo tempo investir em renda fixa, se isso for mais conveniente.

Instrução CVM 374

Essa recente instrução retirou a debênture da lista dos títulos de renda fixa, para fins de composição do portfólio. Com base na característica de valor mobiliário de renda variável, essa instrução abre espaço para negociação desses papéis. O escopo é de permitir que investidores qualificados tenham mais possibilidades de negociar esses títulos. Em busca do desenvolvimento do mercado específico desses valores mobiliários, numa tentativa de gerar maior liquidez.

11

Gramm-Leach-Billey-Act de 12 de Novembro de 1999

Glass-Steagall Act

Depois da crise de 1929, os conglomerados financeiros foram responsabilizados por quebras na economia. Um dos pontos críticos foi a atuação de bancos durante o período de amplo liberalismo no mercado. Até aquela época havia muita liberdade de atuação dos bancos e pouca legislação. Nesse contexto, os bancos que atuavam com operações de seguros e depósitos simples foram acusados de usar dinheiro de operações de varejo, para grandes investidas em mercado de capitais, pondo em risco capital de correntistas, ao utilizar desses recursos para alavancar operações arriscadas. Com a crise, veio o *Glass-Steagall Act* que fez uma revolução no mercado financeiro, obrigando a divisão da área de investimentos, chamada de *broker-dealer*, com as outras áreas do banco. Isso significou a cisão de grandes grupos financeiros em diferentes empresas.

Firewall

Desde então os bancos tinham o chamado *chinese wall*, que proibia a mistura da área de investimentos com operações bancárias comuns. No Brasil os grandes bancos comerciais podem atuar como banco de investimentos. Nos EUA, com esse *firewall*, impedia-se a confusão das áreas e utilização de recursos da área de banco comercial e de seguros, para operações de investimento.

Holding Companies

Hoje o *Gramm-Leach-Billey* acabou com esse *firewall*, e criou a figura da Holding Financeira e Bancária. Essa nova regra quebra 66 anos de *Glass-Steagall Act* e permite formação de grupos financeiros e bancários englobando diversas atividades. Dentro desse conglomerado, há requisitos mínimos para suas subsidiárias funcionarem. Junto disso há toda relação com o consumidor e cliente, que deve seguir novo padrão. Sendo o relacionamento com os clientes e o trânsito de informações uma das bases para o funcionamento do *Gramm-Leach-Billey*

Significa que dentro de um mesmo grupo, empresas dessa holding financeira poderão trabalhar com a emissão e subscrição de títulos e ações, inclusive de mercado de seguros, bem como administrar seu portfólio de investimentos. A novidade é que dentro de um mesmo grupo, com atuação na área de seguros e de *investment banking*. A condição para que essa *holding* funcione é que todas as suas subsidiárias sejam bem capitalizadas e administradas. Sendo que as subsidiárias não podem ter mais de 45% do total de ativos do total do grupo, ou até U$ 50 bilhões.

Atividades permitidas a Bancos Comerciais sem registro de Broker-Dealer

Os bancos comerciais poderão atuar com *investment banking*, sem registro específico, podendo: atuar em corretagem, coordenar emissão privada de títulos, serviços de custódia de títulos e valores mobiliários, compra e venda de papéis decorrente de planos de benefícios de empregados, serviços de agente fiduciário, negócios com títulos do governo, e outras transações com valores mobiliários, desde que não ultrapassado o limite de 500 operações por ano.

Informações do Consumidor – Privacidade

Com essas novas regras, há todo um cuidado sobre a utilização de informações dos clientes. Em que existe uma opção feita pelo cliente, de permitir ou não a divulgação de seus dados a terceiros. Dentro da empresa *holding* pode existir esse fluxo de informação, desde que imprescindível para que ocorra a transação. Fora isso é proibido o uso de dados pessoais para outros fins, por exemplo, em campanhas de *telemarketing*. Os bancos devem divulgar estatuto definindo qual sua política de privacidade para ciência dos seus clientes

Guarda-chuva Federal Reserve

O FED, Banco Central dos EUA, é que vai organizar e supervisionar toda essa transição de regras, junto a SEC, sendo que as *holdings* estarão sob supervisão do FED. Há prazos para que os bancos se ajustem e atendam às novas exigências, mas o FED está ouvindo os reclames do Mercado, para que os bancos possam cumprir as exigências de forma razoável.

12

Empréstimo-ponte para ser financiado via debêntures ou ações

Empréstimo-ponte / bridge loan

Empréstimo-ponte são operações de curtíssimo prazo, designadas para operações especiais. Isto é, são empréstimos realizados e geralmente estruturados para serem convertidos em financiamentos de longo prazo. Numa situação de urgência, para fechar um acordo, uma fusão, uma compra e venda de empresas, pode haver a necessidade de empréstimos de valor alto, provisórios. Depois, na seqüência, esse empréstimo será substituído por outro de longo prazo, entre as opções financeiras disponíveis.

São operações de altíssimo risco no geral, com juros altos devido às suas características e de curtíssimo prazo por serem apenas concedidos em caráter de urgência. Muitas vezes o empréstimo-ponte precede uma emissão de debêntures, ou emissão de ações no mercado, que transformarão o empréstimo em outros tipos de papéis.

Debêntures

Em operações complexas é muito comum cobrir um empréstimo-ponte através da emissão de debêntures. Por exemplo, numa compra e venda de empresas, pode faltar valor em caixa para necessidades imediatas, sob pena de paralisação de serviços. Nesse caso, o empréstimo-ponte é concedido provisoriamente, para solucionar rapidamente problemas de caixa, e na seqüência é feita a emissão de papéis para equacionar a dívida e realizar o financiamento. A empresa que concede o empréstimo-ponte poderá ser uma das detentoras das debêntures a serem emitidas, ou não.

Ações

Emitir ações em troca de empréstimo-ponte é outra possibilidade. Depois de emitido o número de ações proporcional ao valor do empréstimo, pode ser feita a subscrição das ações a partir dos créditos existentes. Nesse caso, é feita concessão de empréstimo vinculado a futura participação na empresa, depois da emissão e subscrição das ações. Tanto o processo de emissão de debêntures, como a emissão de ações levam tempo para serem estudados, ter registro no governo, etc. Mas como as necessidades são imediatas e pode existir muita urgência numa operação, é necessário o empréstimo-ponte nesse período de transição.

Compra e Venda de empresas

Na compra e venda de empresas, o empréstimo-ponte pode fazer toda a diferença. São detalhes técnicos, que estão relacionados aos bancos que participam da operação, e sua capacidade financeira. Não é por outra razão que muitas operações de porte nacional e internacional sempre têm participação de Players de peso. Sem isso, muitas vezes existe demanda para ações e investidores para debêntures, mas sem solução de caixa real de curto prazo, tudo fica inviável.

13

Sarbanes-Oxley Act of 2002

EM RESPOSTA ÀS FRAUDES que assolaram o mercado financeiro dos EUA, o presidente assinou a lei chamada *Sarbanes-Oxley Act of 2002* em 30 de julho de 2002. Com certeza os fatos em si são um divisor de águas na contabilidade das corporações e em sua relação com o mercado e governo. A lei ataca em duas pontas, tanto criando um organismo regulador das empresas de auditoria como aumentando penas e responsabilidades de executivos.

*CEO e CFO: **responsabilidades***

A partir de agora os *Chief Executive Officers* e os *Chief Financial Officers* terão de assinar os reports financeiros da empresa. Significa que atestam a veracidade das informações pessoalmente, declarando que condizem com a realidade. É um gesto simples, mas de grande repercussão no âmbito processual. Já que, se forem descobertas irregularidades, os executivos já estarão em contradição perante a lei. Balancetes como o 10-Q, por exemplo, preenchido pelas companhias abertas, terão de ser assinados. Caso sejam constatadam irregularidades, há previsão de multa de até U$ 5 milhões e até 20 anos de prisão. Outro aspecto interessante é que a nova lei proíbe que sejam realizados empréstimos para executivos. Visto ser caminho comum das fraudes em que capital da empresa é desviado através de empréstimos aos seus diretores.

Comitê de Auditoria

O Comitê de Auditoria deverá ser caracterizado por independência de atuação, responsabilizando-se pela escolha dos auditores. Para fins de apurar irregularidades, deverão existir meios para que o Comitê possa receber reclamações e informações sobre eventuais irregularidades. Devendo providenciar meios para que os funcionários possam relatar problemas contábeis de forma anônima e sem risco de punição.

Empresas de Auditoria

As empresas de auditoria não poderão exercer atividade de administração da companhia, inclusive ingerência em Recursos Humanos. Não podendo ainda: exercer atividade de consultor econômico e financeiro, exercer corretagem de títulos e valores mobiliários, proibidas ainda de exercer papel jurídico, e de ter influência sobre o sistema de gerenciamento de informação. Busca-se com isso isolar e especificar o trabalho das auditoras, evitando ingerência em outras atividades. Uma das atividades possíveis é a de assinar *Confort Letters*, p.ex., para operações de *underwriting*, atestando que a empresa tem condições de emitir os papéis.

Outro detalhe é que a empresa de auditoria deve providenciar para que haja rodízio de sócio auditor de determinada empresa, a cada cinco anos. Para evitar conflitos de interesses, a empresa de auditoria não poderá ter pessoas que trabalharam na empresa cliente no último ano.

Código de Ética dos Executivos financeiros

As empresas deverão formular um código de ética para seus executivos financeiros, devendo informar se possuem tal código ao mercado, e todas as mudanças em suas disposições, nos seus *reports* financeiros. Sob supervisão da SEC, as empresas abertas deverão informar em seus *reports* como é feito o controle do banco de dados financeiro, como é organizado, e responsabilidades dos administradores.

Penalidades e poder punitivo da SEC

A empresa multada por irregularidades está sujeita à multa de U$ 2,5 até 25 milhões de dólares. Sendo criado o crime de destruição, ocultação e falsificação de documentos, quando a empresa estiver sob investigação da justiça, sujeitos à pena de até 20 anos. Protegem-se informantes que prestem depoimentos à justiça sobre irregularidades da empresa aberta, proibindo-se que sejam punidos por prestar serviços à justiça.

Trata os crimes contábeis previstos nessa lei como passíveis de punição pelo *Exchange Act* de 1934. A SEC terá ainda poderes para congelar contas de executivos de empresas suspeitas, sob investigação, bem como poderá vetar nomes de pessoas para exercerem cargos executivos.

Criação da Public Company Accounting Oversight Board

O Conselho de Auditores de Companhia Aberta será responsável pelo registro de empresas de auditoria, determinação de padrões contábeis a serem seguidos, sendo responsáveis também pela parte disciplinar dos auditores. Além de determinar como deverão ser feitos os *reports* pelas Companhias Abertas, irão posteriormente fiscalizar o trabalho das empresas auditoras. Esse Conselho se autoregulará e estará sujeito à supervisão da SEC.

Opinião dos Analistas

Estabelece ainda que os analistas não poderão ser punidos por rebaixar alguma empresa ou deixar de recomendá-la. Devendo possuir condições para que se divulguem *reports* livres de pressão da empresa bem como estabelecendo períodos em que, ocorrendo uma oferta pública de valores mobiliários, os analistas deverão se abster de divulgar *reports* com recomendações para vender ou comprar os papéis objeto da oferta.

14

Desafios da Lei Sarbanes: Oxley 2002 (SOX)

Integração com SAP e Sistemas de Qualidade

Um dos principais desafios atuais da Sarbanes-Oxley parece ser o controle redundante de informações. As regras criadas com a nova lei objetivaram gerar maior confiabilidade de informações. Mas grande é a dificuldade de controlar todos os dados e sua consistência.

Com o sistema SAP veio toda a revolução de processos empresariais. E através dele é feito todo um estudo da cadeia produtiva para avaliar processos, gargalos, ineficiências e tendências. A Revolução foi grande, pois através destes mecanismos é possível otimizar toda a cadeia produtiva, e tornar a empresa mais saudável e com serviços de melhor qualidade.

Tudo também dentro de um contexto de selos de qualidade para todos os setores da economia. Numa tendência irreversível, em que cada vez mais os clientes acabam se identificando com as empresas que mais respeitam boas regras de qualidade, atendimento, etc. Nesse contexto deve ser interpretado o sistema da Lei Sarbanes-Oxley 2002. Não apenas como uma resposta agressiva às fraudes, mas dentro de um contexto de gerar melhor confiabilidade nas empresas de capital aberto.

Graus de Atendimento das Regras

Assim como acontece com o Novo Mercado Brasileiro, dividido por graus de acesso em atendimento às respectivas regras do sistema, a Sarbanes-Oxley deveria classificar as empresas que atendem a suas regras. Isso por uma razão muito simples, devido ao grau de complexidade da SOX. Muitas regras existem para serem cumpridas, e realizá-las de uma vez parece um tanto radical e envolve muitas dificuldades. Existe seu prazo para adaptação, mas além disso o ideal seria um sistema de classificação de cumprimento de regras.

Através de uma classificação por grau de atendimento de regras, os investidores poderiam saber quais regras já estão sendo atendidas, e quais ainda não. Assim, os investidores poderiam saber quais os riscos inerentes a cada empresa nessa era SOX. Mais, um sistema assim, poderia identificar empresas fechadas e menores que já estão trabalhando com o sistema SOX para futuramente entrarem no Mercado de Capitais.

Alguns Desafios da SOX

Section 303 – avaliar influência de executivos nos trabalhos de especialistas que cumprem regras da SOX. Tarefa um tanto complicada, pois como será possível avaliar se um executivo está manipulando indiretamente um auditor, por exemplo? Existe muita confusão de dados numa empresa, e diversos temas podem ser interpretados das mais diversas formas.

Às vezes, pode-se estar diante de um investimento que poderá se tornar motivo de suspeita no futuro, por não ter retorno. De outro turno, pode-se estar diante de um lucro numa das áreas da empresa, em que sequer houve muita pesquisa ou planejamento. Então como fica o julgamento adequado do prejuízo ou lucro? O problema é que muitas vezes prejuízo é confundido com fraudes, etc. e lucros com estratégias competentes, mas nem sempre é assim.

Section 602(d) - Responsabilidade de advogados já é tema complicado no Cível, tanto mais se for associada a eventual fraude. Como avaliar se o advogado contribuiu efetivamente para tanto ou não? Claro, crimes de colarinho branco até são fáceis de identificar e são muito determinados na Lei, mas são um desafio para serem esclarecidos.

Mesmo caso da situação anterior, às vezes, o advogado pode participar de operação temerosa, e arriscada, que poderá se configurar em fraude ou não no futuro. É o caso de empresa que faz pesquisa e investe em estratégia arriscada, por exemplo, de produto ou serviço. O desfecho nem sempre é certeiro. Se a estratégia se configurar em sucesso, a corporação e todos ficarem felizes, quem se lembrará? Mas, se resultar em prejuízos, certamente irão encontrar absurdos no investimento fracassado.

Section 404 – A controladoria de relatórios é outro desafio da SOX, talvez o mais trabalhoso deles. Na verdade criar rotinas eficazes de controle é tarefa fácil e interessante. Muitas empresas podem criar diversos modelos de controles internos e processos para relatórios. Mas e para formular um método simples e eficaz de produção de dados? Talvez muitos métodos tenham de ser desenvolvidos até chegar um que integre os conceitos comentados acima, integre sistema SAP, qualidade, graus de confiabilidade e mais, comece a ter também um fator futuro. Pois todos os dados e relatórios só fazem sentido dentro de um horizonte de trabalhos. Entretanto, como confrontar isso com a incerteza de muitas estratégias empresariais?

15

Sarbanes Oxley Act 2002: Advogados

NA ESTEIRA DA NOVA lei para combater as fraudes no Mercado de Capitais dos EUA, chegou a vez de serem formuladas disposições com direcionamentos sobre o trabalho desempenhado por advogados. Dentre os advogados, são alcançados por essa nova lei tanto os advogados da própria empresa, quanto o advogado de escritório de advocacia que trabalha para a tal empresa de capital aberto. Vale destacar que tais regras incidem para advogados que trabalham direta ou indiretamente com operações de mercado de capitais, sob supervisão da SEC – *Securities Exchange Commission* – dos EUA.

Seguindo os moldes do Comitê de Auditoria, criado pela *Sarbanes Oxley* para supervisionar o trabalho de auditoria da empresa, é criado o Comitê Jurídico, denominado *Qualified Legal Compliance Committee*, que na prática pode ser composto pelos mesmos membros do Comitê de Auditoria. O Comitê Jurídico que funciona, dentro da empresa, como órgão responsável para apurar irregularidades.

O cerne do funcionamento dessas disposições da *Sarbanes Oxley* para advogados é o compromisso que possuem perante a lei e a SEC. Antes de considerar o fato de trabalhar para tal empresa, ou de tê-la como cliente, o advogado deve ter em mente que antes de tudo está o interesse da sociedade e do mercado de capitais, representada pela SEC.

Funcionamento da notícia de irregularidade

Ao ser verificada a irregularidade, o procedimento padrão é o advogado informar seu diretor jurídico – CLO (*Chief Legal Officer*) – que tomará providências junto ao Comitê Jurídico. Realizada a notícia de irregularidade, o CLO, junto com o Comitê Jurídico, irá apurar sua veracidade. Caso o CLO ignore a notícia, ou deixe de investigá-la, o advogado poderá recorrer diretamente ao Comitê Jurídico. Caso por alguma razão o Comitê Jurídico não possa receber a notícia, poderá ser feito contato direto com Comitê de Auditoria. Se nem assim prosperar a investigação de eventual irregularidade, poderá se noticiar o Conselho de Administração da empresa. Se nada der certo, cabe informar diretamente à SEC da suspeita.

Em último caso, o advogado poderá sair da empresa de modo justificado, decorrente de possíveis irregularidades. Nesse caso, o advogado ao sair ou deixar de atender esse cliente, deverá informar a SEC sobre isso. Vale destacar que de acordo com esse código de conduta para advogados de mercado de capitais, acima de tudo deverá estar sempre a SEC, e o compromisso dos advogados com a lei. É uma forma, amparada pela lei, de o advogado fiscalizar o cumprimento das leis e proteger-se de possíveis fraudes.

Advogados incluídos nesta Lei

Estão incluídos nesta lei os advogados que trabalham com área de emissão de valores mobiliários sob supervisão da SEC. Estão incluídos, por exemplo, advogados que elaboram documentos relativos a fusões e aquisições de empresa emissora, que irá se refletir nos outros documentos societários e balanços financeiros a serem apresentados ao mercado. Ou ainda, esta Lei vale para advogados que elaboram documentos relativos a empresas de grupo empresarial, em que há companhia aberta sujeita a registros. Neste último caso, apenas o fato de haver uma parte de documentação, relativa a companhia aberta, justifica a inclusão do advogado nessas novas regras.

Mas não é qualquer advogado que se sujeita a estas regras. Aqueles que, por exemplo, entram em contato com operações de mercado de capitais por acaso, não estão sujeitos a tais regras, desde que não se constitua o ponto principal da sua atividade jurídica. No exercício de sua defesa, o advogado que notifica a irregularidade pode utilizar documentos de seu próprio trabalho para formar sua defesa, bem como utilizar-se de documentos confidenciais da empresa emissora, desde que para evitar danos maiores à empresa, aos seus membros e investidores.

Comitê Jurídico

O Comitê Jurídico deverá ser formado por pelo menos um componente do Comitê de Auditoria, e pelo menos dois membros do Conselho de Administração. Para racionalizar a organização, sugere-se que seus membros sejam os mesmos do Comitê de Auditoria. Sua função é receber as notificações e apurá-las adequadamente. Trabalhando com o CEO ou CLO na apuração, e julgamento de abertura de investigação ou não, e depois sendo responsável por tomar as decisões cabíveis. Assim como o advogado que notifica a irregularidade, havendo inércia ou descaso dos representantes da empresa emissora, poderão notificar diretamente a SEC as possíveis irregularidades.

16

Sarbanes-Oxley 2002 e seus desafios

Desafios da Sarbanes-Oxley

A lei *Sarbanes-Oxley,* recentemente aprovada no congresso dos EUA, traz mudanças significativas para todo o mercado de capitais norte-americano e para as empresas estrangeiras que dele participam. Um dos grandes desafios está relacionado à implementação de rotinas relacionadas à tecnologia de informação, para que haja devido *disclosure* de informações da companhia aberta. Os prazos até agora estabelecidos dificilmente serão cumpridos por todas as companhias estrangeiras. Pesquisas informam que mais da metade das empresas estrangeiras instaladas na bolsa de NY não conseguirão atender todas as exigências no prazo de inicialmente estabelecido.

Uma impressão errada que se tem ao se analisar o escopo e a abrangência dessa lei, é achar que ela atinge apenas empresas instaladas na bolsa NY. Na verdade, além dessas empresas, muitas outras sofrerão influências dessa lei, já que a maioria das empresas tem relações comerciais com empresas norte-americanas ou que tenham papéis listados na bolsa de NY. Sendo assim, a lei *Sarbanes-Oxley,* aprovada em junho de 2002, em resposta às fraudes em mega Corporations, irá mudar bastante o perfil das exigências relacionadas a governança corporativa, para empresas do mundo todo.

O grande desafio da tecnologia de informação será viabilizar todo o processo de divulgação de informações de forma rápida e eficaz. O problema a ser equacionado pelos profissionais da área de software, informática e sistemas será o de criar rotinas e um processamento de dados eficazes e que atendam às exigências da lei. Cada vez mais os auditores contadores e advogados terão de trabalhar em conjunto com profissionais da área de tecnologia de informação. As áreas contábil, jurídica e fiscal deverão trabalhar de forma integrada para adequada divulgação de informações com qualidade e em tempo hábil. Cada vez mais um departamento estará integrado ao outro para que possa atender as exigências dessa nova lei.

Seção 302

A lei estabelece aqui que os gerentes e diretores deverão atestar a veracidade das informações, e rotinas dos relatórios divulgados. Sendo assim, quando da publicação dos relatórios financeiros de performance, rotineiros da empresa, o executivo deverá atestar que as informações são confiáveis. A lei alerta aqui para que qualquer problema deverá ser relatado, inclusive exceções que impeçam cumprimento adequado da lei. Inclusive deverão ser relatados eventuais problemas com os procedimentos internos da empresa e seus controles. De forma geral, os executivos são responsáveis pela veracidade e controle das informações divulgadas pela imprensa. Sendo responsáveis por fiscalizar os procedimentos e inclusive fraudes, se houver.

Seção 404

A lei estabelece ainda que tanto auditoria interna como externa deverão atestar a qualidade dos novos procedimentos. Isto é, ambos serão responsáveis pela eficácia e controles internos de informações. Quer dizer, se seus controles estão sendo efetivos ou não e se a empresa está atendendo às exigências da lei. A idéia é criar mecanismos de responsabilizar-se em relação à qualidade e confiabilidade das informações. Visto que o problema todo não era a divulgação de informações que já existia antes dessa de lei. O problema era veracidade das informações, antes divulgadas de forma inadequada, o que acabou por resultar nas megafraudes. A preocupação da lei com certeza é a de que sejam criados mecanismos, que contribuam para a divulgação de informações de forma adequada para seus investidores e acionistas. O grande papel das auditorias, tanto interna como externa, é de o fiscalizar sempre, e verificar a adequação na divulgação de informações e seus procedimentos.

Seção 409

Essa parte da lei determina que as informações relacionadas à empresa devem ser divulgadas em tempo real. Além disso, de maneira facilmente compreensível, inclusive com a utilização de gráficos, se for o caso. Quer assegurar que os acionistas e investidores, na medida do possível tenham acesso adequado a informações empresa. Não de maneira desvantajosa em relação aos controladores dela, e seus executivos. Já que, nos problemas relacionados à governança corporativa, é comum o privilégio na obtenção de informações empresa, em que alguns recebem informações antes de outros, de forma desigual. A lei quer garantir, mais uma vez, que todos acionistas investidores empresa tenham acesso às informações, em tempo real.

Algumas reflexões e considerações

A divulgação de informações por parte de companhia aberta não é novidade. Não é de hoje que é necessário divulgar informações ao mercado de suas atividades, na forma de relatórios periódicos e atas de todas suas deliberações. Incluídas aí informações sobre todos os atos societários. Quanto a isso não há novidade, o problema todo e o grande desafio da lei está na veracidade de informações e sua qualidade. As grandes fraudes empresariais provaram que de nada adianta muita informação sem qualidade e veracidade. O grande desafio da lei é criar mecanismos, e controles internos da empresa, que contribuam para a qualidade na divulgação de informações.

À primeira vista o que parece e o que marca mais é responsabilização pelos relatórios divulgados. A lei quer evitar uma quantidade de informações sem qualidade. Quer cercar a empresa de mecanismos para divulgação adequada de informações em proteção a acionistas e investidores da empresa. Nada mais que zelar pela confiabilidade e fé pública do mercado de capitais. Empresas sem estrutura terão mais dificuldade em atender às exigências. Sendo assim, cria-se um novo patamar de qualidade e confiabilidade na divulgação de informações. Vale lembrar que a Internet tornou o acesso a informações viável a todos os interessados, e objetiva-se evitar a todo custo informações em quantidade mas sem qualidade.

17 Shelf Registration, Programa de Distribuição de Valores Mobiliários: Registro antecipado

O *SHELF REGISTRATION* É um modo especial de emissão de títulos, em que a empresa emissora não tem intenção imediata de distribuição pública dos papéis. Com o registro prévio, a empresa aguarda momento oportuno para emissão de papéis no mercado. Quando então "tira os títulos da prateleira" para distribuir no mercado. Esse tipo de operação é regra especial regulada pelo Rule 415 do Securities Act de 1933, nos EUA, e pelos arts. 11, 12 e 13 da CVM 400 no Brasil

Estatuto principal da emissão e aditivos

O funcionamento do *shelf registration* segue procedimento especial. Para obter o registro, a emissora apresenta um estatuto principal da emissão. Este "core statement" conterá as principais características da emissão, tais como: tipos de valores mobiliários a serem emitidos, perfil da empresa e plano de distribuição dos títulos no mercado.

Outros detalhes da emissão serão divulgados depois, através de informativos suplementares ou aditivos. Já que, pela própria natureza desse tipo de operação, a emissão efetiva será realizada quando houver condições de mercado, que são imprevistas. Logo que é feito o *take-*

down da prateleira, a emissora divulga detalhes sobre os valores mobiliários a serem emitidos.

Continued e Delayed basis

Quando se fala em emissão utilizando-se do *shelf-registration*, há duas possibilidades. Na chamada emissão contínua, desde o momento em que é obtido o registro, a oferta começa a valer. Desde então, poderão ocorrer negócios com os papéis objeto da emissão. Já através da emissão tipo *delayed*, a oferta não ocorre desde já. Nesse último caso, após obtido o registro, aguarda-se um momento para se iniciar a oferta, quando então os valores mobiliários poderão ser negociados. Na *delayed,* mesmo com o registro, enquanto não iniciada a oferta, os valores mobiliários não podem ser negociados.

Utilidade e Condições de Mercado – vantagens

A vantagem toda que tal regra permite é a de efetuar a operação em momento oportuno e sem atrasos devido à eventual burocracia. No caso, a empresa tem o registro da operação encaminhado, e quando tiver ventos favoráveis, com bolsas estáveis, e mercado em geral com bom quadro, realiza-se a operação. O governo, através da SEC ou CVM, já terá analisado e aprovado o global da operação, que diz respeito à empresa, sua solvabilidade, consistência, pendências legais, etc. Apenas no momento da emissão, são analisados detalhes específicos dos valores mobiliários em questão, por exemplo, remuneração dos títulos, vencimentos, etc. Sendo a grande vantagem do *shelf registration* a de evitar atraso na operação devido à análise da emissão pelo governo, no caso a SEC ou CVM.

PROGRAMA DE DISTRIBUIÇÃO DE VALORES MOBILIÁRIOS

Art. 11. A companhia aberta que já tenha efetuado distribuição pública de valores mobiliários poderá submeter para arquivamento na CVM um Programa de Distribuição de Valores Mobiliários ("Programa de Distribuição"), com o objetivo de no futuro efetuar ofertas públicas de distribuição dos valores mobiliários nele mencionados.

§ 1º O Programa de Distribuição será apresentado à CVM pela companhia emissora, assessorada por uma ou mais Instituições Intermediárias, as quais serão responsáveis, nos termos do disposto no art. 56 e seus parágrafos, pelas informações e pela sua verificação.

§ 2º Será permitido a novas Instituições Intermediárias que não tenham participado da elaboração dos documentos apresentados quando do arquivamento do Programa de Distribuição liderar ofertas amparadas por esse programa, ficando responsáveis pela elaboração do Suplemento e da atualização das informações anteriormente prestadas, verificando sua consistência e suficiência com relação às novas informações prestadas.

§ 3º O Programa de Distribuição terá prazo máximo de 2 (dois) anos, contado do seu arquivamento pela CVM, devendo ser indeferido qualquer pedido de registro de oferta vinculado a um Programa de Distribuição apresentado após o transcurso deste prazo.

§ 4º O Prospecto e as demais informações apresentadas relacionadas ao Programa de Distribuição deverão ser atualizados no prazo máximo de 1 (um) ano, contado do arquivamento do Programa de Distribuição, ou por ocasião da apresentação das demonstrações financeiras anuais à CVM, o que ocorrer primeiro, independentemente e sem prejuízo da atualização de tais informações e documentos realizada através de Suplemento, quando da realização de uma oferta pública ao amparo do Programa de Distribuição.

§ 5º Os prazos de análise, de cumprimento de exigências e de verificação do respectivo cumprimento no tocante ao arquivamento do Programa de Distribuição, bem como à atualização prevista no § 4º, são aqueles estabelecidos nos arts. 8º e 9º da presente Instrução.

§ 6º Findo o prazo de análise, a CVM enviará ofício à Instituição Intermediária líder, com cópia para o ofertante, informando o deferimento ou o indeferimento do pedido de arquivamento do Programa de Distribuição.

§ 7º O Programa de Distribuição será cancelado:

I - mediante requerimento da companhia emissora;

II - por decisão da CVM, se realizada oferta a ele vinculada em condições diversas das constantes do registro, sem prejuízo das disposições do art. 60;

III - automaticamente:

a) com o encerramento de uma oferta pública que represente o exaurimento do valor previsto no Programa de Distribuição;

b) caso o Prospecto e as demais informações relacionadas ao Programa de Distribuição não sejam atualizadas nas datas devidas;

c) pelo arquivamento de novo Programa de Distribuição pela CVM.

Art. 12. O pedido de arquivamento de Programa de Distribuição será instruído com:

I - Capa, nos moldes da capa do Prospecto previsto no Anexo III, incluindo a identificação do ofertante e das Instituições Intermediárias envolvidas, bem como a indicação do valor máximo da distribuição e os tipos, classes e espécies de valores mobiliários a serem distribuídos;

II - minutas de contratos de distribuição, para cada tipo, classe e espécie de valor mobiliário a ser distribuído;

III - Prospecto elaborado nos moldes do Anexo III, contendo uma seção específica para cada tipo, classe e espécie de valor mobiliário a ser distribuído;

IV - minutas de escrituras de emissão de debêntures, se for o caso; e

V - demais documentos exigidos no Anexo II, além daqueles específicos para cada tipo, espécie e classe de valor mobiliário a ser distribuído, todos relacionados em suas seções específicas do prospecto mencionado no inciso III, facultada a apresentação de minutas.

§ 1º Poderá ser indicado no formulário mencionado no inciso I acima o montante máximo dos valores mobiliários a serem emitidos ao amparo do programa, podendo ser postergado para o momento da oferta a definição do tipo, espécie ou classe do valor mobiliário a ser distribuído e o seu respetivo preço, bem como as demais condições específicas da oferta, dentre aquelas estabelecidas no Programa de Distribuição.

§ 2º As datas que deveriam ser referidas no Prospecto e que ainda não sejam conhecidas ou definidas por ocasião do pedido de arquivamento do Programa de Distribuição deverão ser indicadas no Prospecto na forma de lacunas.

Art. 13. Após o arquivamento do Programa de Distribuição, o ofertante e a instituição líder poderão requerer o registro de distribuição de valores mobiliários mediante a apresentação de um Suplemento ao Prospecto, o qual deverá conter, obrigatoriamente:

I - capa, nos moldes da capa do Prospecto previsto no Anexo III, incluindo a identificação do ofertante e da instituição líder envolvida na oferta, bem como a indicação do tipo, classe e espécie do valor mobiliário a ser distribuído, e, se conhecido, o seu respectivo valor, informações específicas relativas à oferta cujo registro estará sendo requerido, elaborado nos moldes dos itens 1 a 4 do Anexo III;

II - atualização das demais informações constantes do Prospecto referido no inciso III do art. 12, podendo ser incluída por referência toda e qualquer informação já apresentada à CVM e disponível ao público, seja ela periódica ou eventual; e

III - escritura de emissão de debêntures; e

IV - relatório de agência classificadora de risco, se houver.

§ 1º O Suplemento deverá ser acompanhado das versões definitivas dos documentos apresentados sob a forma de minuta nos termos do art. 12, devendo as minutas e as versões definitivas serem substancialmente idênticas, inclusive da cópia do contrato de distribuição firmado e dos demais documentos exigidos no Anexo II, desde que não apresentados na forma do art. 12, inciso V, além daqueles específicos para o tipo, classe e espécie de valor mobiliário a ser distribuído.

§ 2º É permitida a utilização de Suplemento Preliminar, nos moldes do que dispõe a presente Instrução a respeito do Prospecto Preliminar (art. 46).

§ 3º Observado o disposto nos arts. 8º e 9º, aos pedidos de registro de ofertas públicas de distribuição efetuados com base em Suplemento, serão aplicados os seguintes prazos de análise, de cumprimento de exigências e de verificação do respectivo cumprimento:

I - Prazo de Análise: 10 (dez) dias úteis;

II - Prazo de Cumprimento de Exigências: 10 (dez) dias úteis; e

III - Prazo de Verificação do Cumprimento de Exigências: 5 (cinco) dias úteis.

§ 4º A CVM não fará exigências relativas a documentos e informações que já tenham sido apresentados para o arquivamento ou manutenção do Programa de Distribuição, ressalvada a atualização e inclusão no Suplemento de informações ali constantes.

§ 5º Caso sejam alteradas as informações do Programa de Distribuição em desconformidade ao disposto neste artigo, serão aplicados os prazos previstos nos arts. 8º e 9º.

Rule 415 – Delayed or Continuous Offering and Sale of Securities

Securities may be registered for an offering to be made on a continuous or delayed basis in the future, Provided, That:

1. The registration statement pertains only to:
   i. Securities which are to be offered or sold solely by or on behalf of a person or persons other than the registrant, a subsidiary of the registrant or a person of which the registrant is a subsidiary;
   ii. Securities which are to be offered and sold pursuant to a dividend or interest reinvestment plan or an employee benefit plan of the registrant;
   iii. Securities which are to be issued upon the exercise of outstanding options, warrants or rights;
   iv. Securities which are to be issued upon conversion of other outstanding securities;
   v. Securities which are pledged as collateral;
   vi. Securities which are registered on Form F-6;
   vii. Mortgage related securities, including such securities as mortgage backed debt and mortgage participation or pass through certificates;
   viii. Securities which are to be issued in connection with business combination transactions;
   ix. Securities the offering of which will be commenced promptly, will be made on a continuous basis and may continue for a period in excess of 30 days from the date of initial effectiveness;
   x. Securities registered (or qualified to be registered) on Form S-3 or Form F-3 which are to be offered and sold on a continuous or delayed basis by or on behalf of the registrant, a subsidiary of the registrant or a person of which the registrant is a subsidiary; or
   xi. Shares of common stock which are to be offered and sold on a delayed or continuous ba-

sis by or on behalf of a registered closed-end management investment company or business development company that makes periodic repurchase offers pursuant to 270.23c-3 of this chapter.

2. Securities in paragraphs (a)(1)(viii) through (x) may only be registered in an amount which, at the time the registration statement becomes effective, is reasonably expected to be offered and sold within two years from the initial effective date of the registration.

3. The registrant furnishes the undertakings required by Item 512(a) of Regulation S-K.

4. In the case of a registration statement pertaining to an at the market offering of equity securities by or on behalf of the registrant:
   i. The offering comes within paragraph (a)(1)(x);
   ii. where voting stock is registered, the amount of securities registered for such purposes must not exceed 10% of the aggregate market value of the registrant's outstanding voting stock held by non-affiliates of the registrant (calculated as of a date within 60 days prior to the date of filing);
   iii. the securities must be sold through an underwriter or underwriters, acting as principal(s) or as agent(s) for the registrant; and
   iv. the underwriter or underwriters must be named in the prospectus which is part of the registration statement. As used in this paragraph, the term at the market offering means an offering of securities into an existing trading

> market for outstanding shares of the same class at other than a fixed price on or through the facilities of a national securities exchange or to or through a market maker otherwise than on an exchange.

This section shall not apply to any registration statement pertaining to securities issued by a face-amount certificate company or redeemable securities issued by an open-end management company or unit investment trust under the Investment Company Act of 1940 or any registration statement filed by any foreign government or political subdivision thereof.

Textos publicados na

GAZETA MERCANTIL

1

10 erros comuns ao se investir via Home-Broker

INFELIZMENTE, COMO TODA PROFISSÃO e atividade, no Home-Broker o investidor também erra bastante até acertar o passo. E infelizmente também, isso significa perder dinheiro nessa atividade. Pouco ou muito, conforme a precipitação de investir sem conhecer ou pelos caminhos inadequados. Vários são os erros cometidos, muitas vezes a pessoa até conhece o funcionamento do Mercado de Capitais, mas a compra e venda de ações envolve técnicas específicas. Detalhes e oscilações que podem fazer até um experiente advogado, economista ou contador, conhecedores de toda a legislação do setor, a amargarem prejuízos.

Em linhas gerais, cada qual desenvolve e escolhe a melhor técnica a seguir, de acordo com seu interesse e grau de conhecimento da matéria. O grande alerta e destaque é saber adaptar-se o mais rápido possível a essa atividade, minimizando as perdas. Que podem ser muitas, dificultando melhor aproveitamento nos ganhos. Aqui errar pode custar caro, e ninguém quer entrar para perder nenhum centavo. Assim, existem os que focam em gráficos, outros focam em releases de empresas, em US treasuries, em análises fundamentalistas, Dow Jones, etc. sem esquecer os que focam em operações de M&A e fusões de todo tipo. Cada qual cria seu próprio referencial, para saber quando comprar e vender. De tudo uma certeza: muitos perdem e poucos se estabelecem pra contar a história, como sempre. Listamos a seguir alguns erros básicos cometidos pelos operadores de primeira viagem citados no site Societário.com.Br

1. Investimento Inicial alto: Esse é um dos erros mais comuns. De tanto ouvir falar no Home-Broker a pessoa vai se preparando psicologicamente para investir. Quando vem aquele valor de venda de carro, imóvel, ou outra entrada de capital do gênero, alguns investem de uma vez no Home-Broker. Nada mais errado. O problema é que a pessoa só vai descobrir isso depois do primeiro tombo, que provavelmente não vai ser pouca coisa. Assim o ideal é começar de leve, observando e com poucos recursos, pois acima de tudo Bolsa de Valores é atividade de captação e observação. Pois comprado o papel fica uma espera que pode ser extensa ou não.
2. saques precipitados: Nada mais errado do que no primeiro susto sacar tudo. Pode ser algo passageiro e nessas, perde-se o embalo do dia seguinte, se houver. Mas às vezes o saque pode ser certeiro, se for o começo de uma longa queda.
3. operar sem stop defensivo: Isso é básico pra quem quer operar. Principalmente com o Mercado em alta é fundamental armar o stop defensivo. Pois numa reversão rápida, se o mercado rumar pra baixo, depois de altas fortes, quedas fortes, e o stop defensivo ajuda a sair antes.
4. entrar com mercado em alta excessiva :É difícil saber o teto de Mercado, mas é comum ver pessoas investindo no Home-Broker depois de várias sequências de altas. Possivelmente com a sensa-

ção de segurança, que é enganosa muitas vezes. Mas entrando já num limite de alta, o prejuízo vai ser maior ainda.

5. gastos excessivos com corretagem :Comum também é a empolgação inicial com o Home-Broker, muitas ordens, muito vai-e-vem e quando a pessoa se dá conta gastou valores excessivos em corretagem. Pra corretora pode ser um bom começo, mas se continuar assim a pessoa terá de mudar de estratégia ou de corretora.
6. entrada no mercado de opções sem prática no homebroker :Opções chamam a atenção de quem quer ganhos num curtíssimo prazo de tempo. Mas vale lembrar que perde-se muitíssimo num segundo também. Basta assistir a variação no streamer: às vezes 2 minutos são suficientes pra cair ou subir uns 30%.
7. deixar todo valor de poupança em Bolsa de Valores :Com a mídia apoiando em massa esse tipo de investimento, não faltam exageros. Gente arriscando mais do que pode na Bolsa. O problema é que Bolsa não dá pra sacar à qualquer hora, a cotação pode estar baixa sendo necessário esperar semanas às vezes. Mas como as contas de água, luz e telefone não esperam, é necessário ter reservsa para cotidiano em caixa.
8. ações de empresas sem liquidez :Outra ilusão comum das pessoas é encontrar papéis que sobem 400% num mês, de empresas desconhecidas. Claro, o mercado é feito para todos e todos juntos é que fazem o Mercado funcionar, mas tem de ser especialista ou poderá haver dificuldades futuras de vender o papel na hora que quiser.
9. deixar a aplicação: Parece que não mas a dinâmica do mercado de ações exige acompanhamento

de perto. Mesmo os fundos de ações, em que se deixa valores por bom tempo requerem atenção. Pois mesmo quem compra pra ter dividendos por exemplo, precisa sacar numa crise. Pois é notório que em casos graves mundiais ou nacionais, em poucos dias a queda pode chegar a 30% ou mais.

10. conhecimento restrito a poucos papéis :Outro problema é escolher apenas poucos papéis. A questão é que muitas vezes esses poucos papéis podem estar na mesma situação, em baixa ou alta e podem faltar alternativas. Nessas horas é necessário investir em outros papéis que contrabalancem o resultado final. O conhecimento variado é bom pois pode significar agilidade, e know-how pra montar um portfolio.

2

A cadeia produtiva dos IPOs e seus beneficiados

UMA DAS GRANDES EUFORIAS de investimento do ano passado e que continua no corrente ano são as Ofertas Públicas Iniciais na Bolsa de Valores. Sucesso absoluto no Mercado de Capitais atual, surgem num contexto ótimo não apenas de grandes e tradicionais investidores. Mas agora com efetiva capilaridade no Mercado Financeiro atual.

Por enquanto são só serpentinas de alegrias para todos seus participantes. Com certeza almeja-se que dessa vez o Mercado de Capitais embale de vez, calçado agora em seu melhor arrimo: a multiplicidade de investidores. Mas não são apenas Home-Brokers de primeira viagem que saem com lucros no bolso, efetivamente. Muitos que contribuem na cadeia produtiva do IPO saem felizes com isso, e diga-se até o governo. Vejamos como cada um participa:

1. Empresa e Empresários: são os que têm a felicidade de conseguir lançar papéis na Bolsa de Valores. Nem é necessário comentar o quanto lucram, já que as emissões iniciais atuais estão numa ordem de grandeza média de 100 a uns 500 milhões de reais. Capital o suficiente pra estruturar os mais elaborados business plans de expansão empresarial.
2. Advogados: Nem é necessário detalhar que com tantos regulamentos e documentos, eles são in-

dispensáveis aqui. É verdade que as estatísticas favorecem sempre as grandes bancadas. Mas a tendência é escritórios menores começarem a ser consultores legais de processos similares, que exigem expertise e interface constante com a CVM e órgãos reguladores. Por tratar-se de processos intrincados, bala única, que quase não admite erros, os honorários são compatíveis a operações de tal porte.

3. Contadores e auditores: É no IPO que têm o prazer de participar de uma transição marcante na vida da empresa. Não para apontar erros, e nem só para apontar virtudes. Mas efetivamente para de certa forma avalizar com a chancela contábil, que a empresa está em ordem, e forte o suficiente para entrar nessa nova etapa. Com balanços, balancetes e relatórios que provem ser esse mesmo o destino da empresa a lançar papéis.
4. Governo: Parece que não, mas o governo é um dos grandes beneficiados. Pois num mercado ativo, com empresas em expansão estruturada, isso significa mais empregos para todos. Considerando-se que um dos maiores dramas do governo é realizar expansão do PIB que dê conta do problema do desemprego, empresas crescentes em muito contribuem para isso. Sem falar que caso contrário, sobrecarrega-se bancos estatais por demanda de financiamento público para projetos empresariais.
5. Investidores: Claro, que na atual fase do Mercado de Capitais, com internet e tudo, os investidores é que saem beneficiados. É verdade que fazer IPO não era proibido antes, mas a falta de informação que cercava esses processos, funcionava como uma barreira ao investidor. Agora, podem

procurar detalhes da empresa, administradores, CNPJ, histórico judicial, dataprev, etc. com base numa simples máquina ligada à internet. Podendo assim tirar suas próprias conclusões sobre se é caso de investir ou não na referida empresa.

6. Corretoras Menores: Pra quem não se lembra, faz pouco tempo até, estavam com problemas de demanda por clientes no mercado devido às crises do final dos anos 90 e depois com a bolha da internet. Com o Home-Broker, são os grandes protagonistas em gerar capilaridade ao sistema, em fazer todo o circuito funcionar eficientemente. Agora ocorre até do investidor freqüentemente saber de cabeça todo o comparativo minucioso das taxas de corretagem, custódia, emolumentos e demais detalhes.
7. Bancos de Investimento: Na era das privatizações foram os grandes protagonistas em realizar as polêmicas operações. Hoje o foco é outro. Não é conversa dos mesmos Players sobre jóias da coroa. Mas agora foca-se no Mercado mesmo, palco mais democrático de investimentos, e a força está agora na mão da multiplicadade de investidores individuais.

Assim, nessa cadeia produtiva, muitos são os beneficiados. O melhor da história é que o risco está indubitavelmente disperso hoje, nos milhares de acionistas. Possibilidade essa de integrar o circuito do investimento, que só veio com o computador pessoal e internet. A boa notícia é que as perspectivas são promissoras, e que mesmo com solavancos de mercado, a onda de IPO parece que veio para ficar de vez, na cultura local de investimentos.

3

A Escolha da Corretora para operar via Home-Broker

COM O BOOM DO Home-Broker, muitas corretoras estão disputando esse mercado numa competição acirrada pelo investidor individual. Mesmo as corretoras que atendiam o público institucional, estão se focando nesse perfil de investidor, que cresce muito no país. Já girando quase um quarto de negócios na Bovespa, proporcionalmente esse número ainda é pouco em relação ao potencial desse mercado. Aparecem na mídia atualmente diversas corretoras oferecendo seus serviços. Mas afinal, deve existir um meio para poder avaliar a corretora mais adequada ao perfil do investidor. Seguem abaixo alguns critérios que devem ser levados em consideração:

Suporte técnico: O suporte é fundamental em qualquer serviço e não é diferente no caso do Home-Broker. Todas oferecem serviço de suporte, com telefone, 0800 e tudo. Mas faça um teste e observe se sua ordem logo cai na mesa de operações para ser cumprida. Sabe-se bem que na prática os sistemas eletrônicos falham, e nisso é necessário recorrer à antiga ordem via telefone. Nessa hora, faz diferença se há na outra ponta um broker que conhece o cliente pelo nome, pronto para realizar a ordem. Pular de operador para operador, de telefone para telefone, pode ser um indício de atendimento despersonalizado para alguns clientes.

Tecnologia: Evidente que sem uma base tecnológica é inviável começar as atividades via Home-Broker. Assim as corretoras possuem e os clientes usufruem de um mínimo de plataforma tecnológica para realizar suas operações. Parece que não, mas existem vários graus de sofisticação. Desde corretoras que oferecem sofisticados sistemas com indicador de tendências, que cruza dados, até outras que não oferecem nem stop.

Relatórios: Dentro do permitido pela CVM, e dentro do escopo de informes oficiais de cada empresa é possível emitir boletins sobre o Mercado periodicamente. Algumas corretoras até recomendam papéis, outras sugerem carteira virtual da semana, do mês, etc. Mas importante é ter esses relatórios à disposição ou não, para tomada de decisão. Não significa que o investidor vá comprar ou vender em função dos relatórios apenas. Mas é mais um canal de informação e apoio para que o Home-Broker possa ter seus palpites e tomar suas decisões de investimentos.

Tradição e Consistência: Pode parecer indiferente, mas tradição e consistência também fazem a diferença em investimentos via Home-Broker. Aliás em se tratando de instituição financeira é muito importante no país, a escolha seletiva de depositários. Afinal de contas, lembranças recentes mostram a quebra de instituições que levaram junto muitos clientes. Vale lembrar que em alguns casos houve até ocorrência de episódios relacionados a operações arriscadas no mercados de ações e de futuro, que empurraram mais ainda as quebras. Assim, a velha tradição, consistência, ainda são pontos cruciais na escolha da corretora e não apenas o ganho à qualquer custo.

Valor das Ordens: Hoje o valor varia bastante, com pechinchas na corretagem de até 5 reais por ordem. Muitas cobram já na faixa de 10 até 20 reais a ordem. Mas muitas outras seguem a tabela Bovespa de cobrar por percentual investido. À primeira vista o valor da corretagem parece ser o melhor critério, mas deve levar em consideração outras características do serviço prestado.

Cursos: Muitas já oferecem cursos para quem quer começar na atividade. Os cursos com certeza mostram o preparo da corretora e a intenção de criar clientes fiéis que vieram pra ficar e não para investir, perder e sair. Com os cursos é possível ter visão melhor do funcionamento do Mercado, seus ciclos e escolha de papéis.

Proximidade da Base Operacional: O último critério básico aqui analisado é a proximidade da corretora. O Home-Broker é fenômeno mundial e nacional, e teoricamente, pode-se operar falando com a mesa de operações à quilômetros de distância do investidor. Mas em primeiro lugar, as corretoras estão crescendo, e em segundo, as bases regionais são sempre alternativa melhor para solucionar quaisquer problemas. Afinal eventual visita na corretora deve ser sempre bem-vinda ainda mais para os mais cautelosos.

Precedentes na CVM: Outro meio de se avaliar a corretora é ver se possui histórico de processos julgados na CVM. Se existem, qual foi a decisão da autarquia e sua razão. Pois podem ser processos simples ou complexos atinentes aos negócios da corretora e a CVM é a melhor referência quando se trata de direitos do investidor.

Assim, são vários critérios que devem ser levados em consideração na escolha da corretora. Uns pesam mais, outros menos, mas o mais importante deve ser a analáse global da corretora. Se está de acordo com o perfil do investidor, e se o atendimento no geral é satisfatório. Mas com certeza muitas falhas só aparecem no cotidiano das operações, em vista disso é interessante a escolha criteriosa de antemão.

4

O day-trade vale a pena?

NA MAIORIA DAS VEZES, estatisticamente, ao que parece não vale a pena realizar day-trade por diversas razões. Em geral, o risco é muito alto em relação à expectativa de ganho comparada a outras estratégias de investimentos. Basicamente, o operador de day-trade típico, é aquele que compra e vende ações ou opções diversas vezes, diariamente. De qualquer forma, não só no Brasil, operar via day-trade é uma idéia bastante sedutora no início, principalmente aos que iniciam, mas nem sempre é compensadora. Isto é em alguns dias é altamente viável, mas no geral, quando a bolsa anda de lado, ou com volatilidade, pode não ser uma boa idéia. Vejamos algumas de suas características:

Dias específicos Em alguns dias operar via day-trade significa obter bons lucros. No dia 29 de março de 2007, com a crise no Irã, o papel preferencial da petrobrás PETR4 chegou a subir mais de 4,50%, fato incomum ao perfil do papel. Suas opções PETRD46 e PETR48 chegaram a subir mais de 250% no mesmo dia em decorrência da ultrapassagem da marca dos R$ 46,00. Quem operou, provavelmente saiu ganhando, mas não é sempre assim. Em outros dias, essas mesmas opções podem e chegam a cair bastante e em segundos pode-se variar –30%. Mas para um dia específico como o foi, era caso de realizar um day-trade.

Irregularidade Muitos fazem o comparativo da Bolsa a ganhos mensais e regulares como em qualquer outra atividade. Seguindo esse raciocínio projetam ganhos mensais de acordo com projeções hipotéticas de ganhos diários. O problema é que para a Bolsa esse raciocínio não vale, pois a oscilação vai de acordo com as circunstâncias e matemática econômica mundial. Assim, não é todo dia que há possibilidade de sair com ganhos certeiros e regulares, aliás muito pelo contrário. Se forçar a barra, é possível perder no dia seguinte tudo que se ganhou devidamente em outros dias bem-sucedidos.

Oscilação brusca em opções Muitos operam day-trade via opções, mas isso representa riscos compatíveis. Os ganhos podem ser rápidos mas as perdas idem. Com a variação normal de 20% a 30% de uma hora para outra, pode-se deixar tudo a perder ou a ganhar. Claro que para evitar riscos desnecessários, frequentemente opera-se opções com valores proporcionalmente menores. Mas mesmo assim não é todo dia que as opções têm clima altista, de ganhos estratosféricos. No mais, pode-se ter dias de quedas acentuadas, que podem levar boa parte dos ganhos.

Gastos com corretagem Os gastos podem ser excessivos, e dependendo da forma como a corretora cobra, a conta vai longe. É só fazer a conta, pois se numa empolgação inicial o investidor gastar mais de 50 reais em ordens num dia, imagine os gastos no final do mês. Das duas uma, ou o investidor terá de realizar ganhos compensadores, ou acabará desistindo e mudando de estratégia, quiçá de corretora. Procurando-se nesse último caso aquelas que trabalham com este perfil de investidor, que adota estratégia do gênero

Comparativo a outras estratégias Comparando-se a outras estratégias, o risco no day-trade pode ser visto como desnecessário. Isto é, ainda mais para quem quer ganhos maiores que a poupança, acompanhar os ciclos da bolsa pode ser o suficiente. Com menos risco, é possível ter bons ganhos também, e sem oscilações bruscas diárias. É o caso por exemplo do investimento como o POP- Programa de Investimento com Participação da Bovespa, ou a composição de portfólio de meses que acompanha a trajetória dos índices. É possível ter bons ganhos assim e com risco comparativamente bem menores que no day-trade. Ainda mais para aqueles investidores que querem entrar pra valer, prudência parece ser a palavra-chave. Ao invés de investir almejando ganhos fantásticos, é possível ter excelentes ganhos com estratégias mais comuns, e que aliás são mais utilizadas por sua própria lógica e eficiência.

Assim, num primeiro momento, o Home-Broker, investidor individual pode-se estar tentado a realizar day-trade diário na Bolsa. Fazendo altas projeções de ganhos regulares por dia e por mês. Mas a realidade é que a Bolsa tem sua própria lógica de ganhos, perdas e tendência. Estratégias mais conservadoras e comuns, como formar carteira e acompanhar os ciclos da Bolsa podem ter eficiência muito melhor em relação ao risco a ser suportado. Mas é claro que em dias específicos, de rally, quem não quer participar e quem sabe obter ganhos expressivos com alguns lances ?

5

O Investidor e a Responsabilidade sócio-ambiental

ULTIMAMENTE, UM DOS GRANDES temas em discussão também na área de investimentos é a Responsabilidade sócio-ambiental. Isto é, na hora de investir, cada vez mais irá fazer diferença se a empresa respeita o meio ambiente e participa de políticas de inclusão social, ou não. Com o aquecimento do planeta, as preocupações neste sentido tornam-se mais urgentes que nunca, sendo até um despropósito deixar de lado essa abordagem.

Do ponto do vista do investimento em empresas, há pouco tempo atrás o foco de atenção toda era o acionista e seus direitos. Com a revolução da Lei Sarbanes-Oxley, veio de vez a necessidade de regras claras de transparência, que se identifica com a governança corporativa. Em proteção ao acionista, também no Brasil vieram novas regras, mais claras para proteger o investidor de eventuais irregularidades

O resultado dessa seqüência é que para estar engajada no seu circuito mundial, a empresa deve cumprir essa lição de casa, para ter verdadeiro "grau de investimento" atualmente. Expressão do momento, já que o país caminha para esse patamar de classificação de risco, vejamos os requisitos para se ter esse "grau de investimento sócio-ambiental" pelas empresas hoje:

Inclusão social e digital Foi-se o tempo em que as empresas lucravam absurdamente, e podiam ficar inertes em relação ao seu entorno social que desmoronava. Hoje é até um desconforto considerável manter a situação desigual assim, afinal se o capitalismo prega a riqueza, não quer dizer que defenda a sua pobreza. Em eras de qualidade de vida, de evolução clara dos institutos, não tem nada a ver os acionistas e capitalistas ganharem rios de dinheiro, sob margens de ampla pobreza. Assim, as empresas precisam fazer sua parte, e deixar seu quinhão ao lado social também. Seja participando de ONGs, seja construindo escolas, seja ensinando profissões e capacitando as pessoas para era digital.

Respeito ao meio Ecossistema Contribuir com o meio-ambiente também deve fazer parte das políticas da empresa. Visto que com a dimensão que possuem, podem e devem criar estrutura voltada para isso. Assim, as empresas de recursos naturais devem analisar o impacto ambiental de sua exploração, as indústrias devem preocupar-se com os ciclos do ecossistema, assim por diante. Mas também empresas que aparentemente não tem relação direta, devem colocar em primeiro plano suas escolhas e decisões neste sentido.

Governança Corporativa À exemplo do Novo Mercado da Bovespa e suas regras, junto da preocupação sócio-ambiental, deve estar também a defesa de regras claras nas empresas. Com balanços transparentes, informações precisas sobre o andamento do empreendimento, num sentido de proteger o acionista sempre. Principalmente não só a quantidade de informação disponível, mas sua qualidade e consistência.

Dividendos sociais A lei societária define os dividendos mínimos ao acionista. Mas além disso, está a relação ao meio que o cerca. Será que está de alguma forma a empresa está contribuindo para sociedade, exercendo seu lado altruísta também ? O antigo discurso de fazer o bem gerando empregos já não basta. As empresas precisam contribuir também para integrar as pessoas na sociedade, e assumir seu quinhão na responsabilidade social de problemas como analfabetismo, pobreza, etc.

Performance Na era digital atual, com tecnologia de ponta em variados setores econômicos, as empresas possuem diversos desafios, mas também muitas facilidades para seu melhor desempenho financeiro. Mas claro que essa performance deve se inserir neste contexto de Responsabilidade sócio-ambiental e de trabalhos dentro de parâmetros da Governança Corporativa, transparência e respeito ao minoritário. Afinal foi-se o tempo em que era admissível uma ótima lucratividade mas descolada de seu entorno sócio-ambiental e a despeito do interesse de seus acionistas.

Assim os investidores conscientes tendem a procurar empresas deste perfil para investir. O resultado disso, por exemplo, é o surgimento de fundos direcionados para empresas que respeitam determinados princípios. Assim como na época da Reforma da Lei da S/A surgiram os fundos centrados em empresas que respeitavam o tag along (direito dos minoritários de venda conjunta de ações), surgem agora fundos éticos. No caso estes últimos possuem política de montagem de portfolio composto por empresas que se ajustam a estes princípios. Mais que um lugar de destaque, empresas desse perfil atingirão o verdadeiro "grau de investimento", conquistando além disso o respeito em seu meio, que obviamente não tem valor.

6

Mérito da CVM também

O MERCADO DE CAPITAIS nacional passa por um momento de extrema evolução. Tal, que até mesmo os saudosistas concordam que nunca houve um movimento nessa escala, e de tal sorte pulverizado. Com isso, esse mercado está abrindo diversas frentes de trabalho, relacionadas direta ou indiretamente à Oferta Públlica deAções. Seja para montar o IPO em si ou seja para estruturar toda a futura companhia aberta, muito trabalho e sucesso à frente. Como sempre, são lembrados os bancos de investimento que coordenam as operações, a Bovespa, as bancadas de advogados, as consultorias, as corretoras que vêm com tudo. Mas e a CVM – Comissão de Valores Mobiliários ? É necessário destacar a atuação da autarquia também.

Talvez por ser governo, seja visto como um supervisor obrigatório, sem maiores comentários. Mas fato inegável é que durante os anos precedentes, muito se trabalhou para se evoluir com regulamentos modernos, na esteira da Reforma da Lei das S/A Graças a esse trabalho constante, seja maré bursátil favor ou contra, é que agora em pleno vapor, as instruções mostram sua propriedade e força. Ninguém questiona, parece mera obrigação, mas e se nos últimos anos, com a bolsa ainda andando de lado, a CVM também seguisse uma linha esperar pra ver ? Certamente hoje haveria uma defasagem de regulamentos e das necessidades de mercado, que não apenas por sorte, mas por competência técnica, hoje estão pari passu com o mercado. Vejamos algumas mudanças.

Plano de Distribuição de Valores Mobiliários – Uma das grandes novidades da CVM foi a previsão agora desse "registro de prateleira". Em que a empresa através de seus assessores obtém o registro para os valores mobiliários e espera momento oportuno para distribuir no mercado. Conceito moderno, evita que o trâmite em processo de registro atrase indevidamente a operação.
Formador de Mercado – Previsto na Instrução 384 permite que a empresa que encontrar dificuldades na negociação de seus papéis, contrate assessor para melhorar sua liquidez. É de primordial importância para que com o tempo os papéis lançados via OPI por exemplo, passem da estréia e continuem a ter boa demanda, sendo bem lembrados sempre.
Debênture Padronizada – Com a Instrução 404 agilizou-se bastante o processo de emissão de debêntures. Visto que em alguns casos elas possuem condições e cláusulas em comum que dispensam repetir a discussão em torno de cada item. Assim, em casos específicos, são levados em consideração as cláusulas para o caso em si, mantidas todas as outras padronizadas. Fato que contribui bastante para a celeridade do processo e sua praticidade de análise.
Dispensa de Análise para algumas operações – Seguindo a regra de Investidores Qualificados, agora também há previsão de dispensa de registro, quando se tratar de determinados casos, excepcionados pela Lei. Isso facilita bastante pois há situações em que os seus subscritores já têm à sua disposição bastante acesso aos dados relevantes da operação, seu

perfil, risco, etc. Mais, são subscritores acostumados ao estilo de operação, que bem sabem analisar seus detalhes técnicos embutidos.

Regulamentos sobre Securitização – Antes inexistentes no país, muitos vislumbravam apenas a possibilidade de operações do gênero. Nem é preciso mencionar o acerto no momento de sua regulamentação, visto a seqüência posterior de operações do gênero que o mercado de capitais presenciou. Se tardio, com certeza poderiam atrasar as diversas operações de securitização imobiliária no país. Quiçá desse mercado, que hoje anda à reboque de amplo crédito e desse capital para construções e incorporações.

Em breves linhas, esse é só um panorama das mudanças tempestivas e com grande propriedade que vieram. Isso sem falar ainda dos fundos de participação, e de empresas emergentes, que prometem balançar o Mercado de Capitais. Tão como o trabalho dos inquéritos investigativos para apurar irregularidades. Assim, no sucesso recente das mega-operações de OPI – muitos são lembrados. Numa época em que se fala muito de "marcos regulatórios", talvez a CVM e suas instruções sejam bom exemplo, das iniciativas junto com a Bovespa, ainda com maré contrária. Afinal é papel do governo, mas competência técnica ainda vai bem além da obrigação.

7

Desvendando o Prospecto

DIFICILMENTE O INVESTIDOR SE dá o trabalho de ler integramente o prospecto, muito embora seja altamente recomendável, ainda mais de acordo com valores confiados à companhia emissora. Os elaboradores com certeza procuram fazer um prospecto que seja o mais esclarecedor possível, mas muitas vezes alguns conceitos embutidos são ainda estranhos ao investidor de varejo. Na verdade, como seguem um padrão obrigatório definido pela CVM – Comissão de Valores Mobiliários, parece que não, mas prospectos de diferentes operações geralmente têm muito em comum. Uma vez analisado e entendido com minúcia um prospecto, observar-se-á que muitos itens são similares, muito embora relacionadas a operações diferentes.

Claro que de qualquer forma, vale sempre lembrar que o espírito do prospecto é ser o mais esclarecedor possível. Transmitir ao investidor o maior número de informações importantes sobre a operação. Afinal essa é a idéia do *disclosure*, e acima de tudo a divulgação de dados confiáveis. O senso comum ainda requer referências quando se trata de negócios no universo empresarial. Numa emissão não é diferente, e os investidores querem saber de fato quem é a companhia, qual sua estrutura, quais suas, bases, afinal ninguém quer ter surpresas depois de revelações escusas sobre a empresa.

Assim vejamos alguns itens do prospecto:

Controladores: É muito importante saber quem são os empresários que irão receber o capital investido. Serão aventureiros, oportunistas da janela de oportunidades do mercado, ou gente séria que pretende trabalhar cada centavo que for investido ? Planos não bastam, será que serão executados, é importante ver se existe engajamento para que sejam realizados de fato. Empresários e empresas também têm um perfil, analisando seu histórico é possível projetar sua fama e o que farão com seu investimento.

Fatores de Risco: Evidente que se os riscos fossem claros tudo ficaria mais fácil. Bem é possível saber, por teorias muito comentadas hoje, como a de jogos, que é difícil prever situações. É intangível saber como será a política econômica do próximo governo, como será a política cambial, monetária, etc. daqui a algum tempo. Problema é que isso tem impacto tremendo sobre qualquer empresa. Para exportadoras e importadoras, câmbio é essencial. Para setores de infra-estrutura, é imprescindível saber se marcos regulatórios serão respeitados, e assim por diante. Mas por outro lado, o risco e sorte valeria pra todos.

Estatuto Social e Acordo de Acionistas: Se possível, vale ver o estatuto social da empresa, codex supremo de suas ações. Ver se contempla direitos a minoritários, quais as classes de ações ordinárias e preferenciais, e suas diferenças existentes. Como não poderia deixar de ser, verificar os direitos de *tag along*, prêmio nos casos de M&A (fusões e incorporações), observar como é regulada a saída e entrada de novos acionistas no bloco de controle. Atualmente devido aos ditames do Novo Mercado, pode-se ter acesso ao Acordo de Acionistas de diversas empresas.

Diluição: Item importantíssimo do ponto de vista societário, é saber se existe política interna da empresa contra a diluição de participação no capital social. Caso contrário, por uma série de operações possíveis, o investidor compra papéis mas poderá ter participação reduzida proporcionalmente no decorrer do tempo. Pode ocorrer também casos de trocas de ações relacionadas a processos de Fusões e Incorporações, em desvantagem para minoritários. Pode ocorrer devido ao não exercício futuro de direito de preferência. Seja como for, a manutenção da participação proporcional é essencial por exemplo, em casos de votação e indicação de conselheiros, crucial em qualquer empresa.
Garantias, conversibilidade e capitalização: No caso de debêntures, há itens específicos como é o caso de análise de garantias da operação, tabela de conversibilidade e capitalização. É necessário conferir os tipos de garantias disponibilizados e se são viáveis. No caso de debêntures conversíveis, fazer projeções sobre sua conversibilidade e ver se é realista. Obviamente, no que tange a capitalização do papel, observar se está de acordo com o que o mercado propõe. No caso das debêntures, tudo isso pode ser verificado na fonte, através da leitura da escritura da emissão.

Em breves linhas, esses são alguns itens que não podem passar despercebidos na leitura do prospecto. Acima de tudo, está a credibilidade da empresa, seus administradores e parceiros comerciais. Sempre lembrando que existe o departamento de relações com investidores que deverá estar à disposição para responder dúvidas que possam surgir. A idéia é sempre a mesma: não só informar, mas esclarecer com consistência.

8

Novo Mercado à toda prova

A CONSISTÊNCIA DE DADOS divulgados pelas empresas listadas no Novo Mercado, parece ser num primeiro momento a preocupação maior. Afinal esse segmento da Bovespa, serve para atestar a qualidade da empresa que atingiu este milestone operacional. Muitas empresas que estão abrindo o capital atualmente, já entram nessa listagem. As que não estavam assim classificadas, preparam-se para migrar. Os conceitos e requisitos visam a gerar níveis de excelência e qualidade. Mas como será a teoria na prática dessas empresas ?

Cultura é algo histórico, e por motivos óbvios demora pra se consolidar. Isso vale também para o mercado corporativo. Cumprem-se os requisitos para listagem, assinam-se compromissos e acordo operacionais. Entretanto, onde fica a cultura empresarial de cada uma das corporações que entra nesse segmento. Conselho Fiscal, Conselho de Administração, free float de 25%, tag along, ações ordinárias, regras de cancelamento de registro, podem significar mudanças drásticas nas empresas, e seus colaboradores. Para tanto precisam de tempo para se habituar. Isso sem falar das regras contábeis USGAAP e de Sarbanes por exemplo.

Muitos são os esforços no sentido de atingir esses requisitos do Novo Mercado. Assim como mantê-los atendidos. Mas num mercado dinâmico e competitivo como é o atual, além de atingir esse patamar, há outros desafios. Além da da nova cultura corporativa que precisa se estabelecer em cada caso, há todos as outras exigências de investidores e acionistas cada vez mais esclarecidos e conectados. Assim vejamos alguns aspectos:

Relacionamento com Investidores
Basilar para sucesso da empresa, numa era de ampla conectividade, precisa estar cada vez mais próximo do seu cliente acionista. Não no momento de efetivar o road show da emissão, mas depois através da abertura para diálogo em conference calls, etc. Claro existe o limite do que é interna corporis, do que vem ao caso tornar público, e a empresa que entra nessa fase, precisa se acostumar a distinguir isso por exemplo.

Direitos de voto, tag along, e outros
Não basta em si ter o direito, se não souber como utilizá-los. Muitos são novos na Bolsa de Valores, e ainda não possuem noção de sua dimensão. Nada impede que as corporações tentem se aproximar de seu público, esclarecendo-o através de cursos e palestras que deveriam ter agenda constante. Funcionários e colaboradores da própria empresa poderiam explicar os detalhes de como utilizar o direito de voto, tag along, e de preferência por exemplo. Fazer sair do papel para efetivo exercício.

Conselho de Administração e Conselho Fiscal
Novas regras de rodízio e auditoria são altamente salutares. Só pra atender a essa nova estrutura organizacional, leva muito trabalho de coordenação de executivos e auditores. Mas depois, os officers precisam ter canal de comunicação múltiplo e ativo. As ouvidorias precisam ser ouvidas, e tanto as

reclamações e idéias de colaboradores, tão como a de clientes acionistas devem chegar escaninho da presidência.

Movimentações de Controladores

Investir sem saber quem é o dono, não existe mais. Mas daí a entender as operações dos controladores vai uma grande distância. Por meio de desenhos societários é possível fazer diversas operações complexas no mercado de capitais. Muitas de relevo, inclusive para minoritários. Fusões, Incorporações, compra e venda de ativos, emissão de papéis, operações mezzanino, muita coisa pode acontecer. Saber quanto o controlador possui não basta, é necessário saber a lógica das movimentações, e melhor interatividade com o acionista investidor pode melhorar isso. Não só através de documentos tradicionais.

Governança Corporativa associada a interatividade

Resumindo, se a adaptação com a nova cultura corporativa exigida pelo Novo Mercado não é fácil, tanto mais o atendimento de exigências dinâmicas de investidores cada vez mais esclarecidos. A Governança Corporativa precisa levar tudo isso em consideração, então limitar-se a criar um framework operacional. O Investidor Acionista não só que ouvir mas também ser ouvido. Nisso, a internet em muito veio pra ajudar, com consultas através de sites ou informes por e-mail.

Assim o desafio é no mínimo de duas ordens: assimilação da cultura corporativa e interatividade com cliente em tempos mais que modernos. Já não basta apenas informar, criar estrutura ou direitos estanques. É preciso dar dinâmica e interatividade, nas ondas da economia, bolsa de valores, e mercado.

9

Seleção Natural no Novo Mercado

MUITAS EMPRESAS ESTÃO REALIZANDO o IPO e abrindo o capital, além de outras que estão migrando para o Novo Mercado da Bovespa. Mas assim como preceitua a antiga Lei da Seleção Natural de Darwin, provavelmente algumas irão se destacar enquanto outras ficarão de lado, no tempo e espaço. A idéia é a mesma: com o passar do tempo, no mercado de capitais, assim como na Lei Naturalista, algumas empresas tendem a prosperar e a sobreviver enquanto outras não. Mesmo com problemas de créditos imobiliários subprime nos EUA, o mercado de capitais nacional evoluiu muito. As captações foram de valor recorde, mas como será a seqüência da performance das empresas na Bolsa de Valores.

O próprio termo IPO – Initial Public Offering, revela que a operação é inicial de uma outra etapa. Um início, de fase de companhia aberta, pois marca, ou deveria indicar, mudanças profundas na cultura da empresa. Com o Novo Mercado, parece que a Bolsa de Valores foi re-criada, um novo conceito, uma nova ordem. Mas claro que não é bem assim, e um estudo histórico, pode mostrar que algumas empresas tendem a sobreviver e outras não. O que ocorre é que não basta em si a euforia da operação de IPO. A empresa em questão precisa ter boa performance, e seus papéis precisam ter boa liquidez na Bolsa.

Nessa linha de raciocínio, observa-se que a Bovespa, atenta à necessidade de evolução gradual, estabeleceu a trilha de acesso ao Novo Mercado. Tendo o Nível 1 e Nível 2 de Governança Corporativa, papel de ir filtrando as empresas que apresentem melhores condições de mercado. Numa progressão em que destacamos as regras de dispersão, disclosure, free float de 25% no Nível 1, e a possibilidade da arbitragem, extensão de direito de voto às ações preferenciais em certos casos, e balanços em padrão internacional no Nível 2, por exemplo. Só nisso, já naturalmente selecionando as empresas mais fortes, com condições de evoluir no Mercado de Capitais, até chegar ao Novo Mercado. Depois, vejamos alguns fatores relevantes que pesam para se acessar e fincar bases no Novo Mercado e na Bolsa.

Liquidez e Demanda pelos papéis: Indicador supremo do desempenho da empresa, é a liquidez de seus papéis na Bolsa. Market Maker pode fazer a diferença, mas com o tempo, empresas com bom desempenho acabam tendo papéis com boa liquidez. Suporte último para que se estabeleça no Mercado de Capitais. As que não conseguem criar mercado para seus papéis, a experiência mostra que pouco a pouco são obrigadas a fechar o capital.

Performance geral da empresa: De certa forma, o desempenho da ação de determinada empresa na Bolsa, reflete a performance dessa empresa em termos de lucros e faturamento. Assim, além de atingir essa fase estando no Novo Mercado, a empresa precisa ter retorno condizente em suas atividades. Seu business plan precisa funcionar, sua administração, estratégia no seu ramo, precisa ir de vento em popa para que seus investidores continuem a procurá-la.

Governança Corporativa efetiva Depois de estabelecidas contratualmente, as regras de Governança precisam ganhar vida e sair do papel. Não apenas tratando de cumpri-las à risca, mas num verdadeiro esforço de criar um Relacionamento de Confiança com o acionista investidor. Com efetivo disclosure e aproximação com o cliente para que possa estar ciente de todo os passos ensaiados pela empresa. Muitos deles de elevada complexidade.

Operações Registradas Item importante, já que depois de aberto o capital, todas as operações de relevo precisam ser registradas na CVM (Comissão de Valores Mobiliários). Assim, além de todo o compromisso com a Governança, boa parte das operações precisará passar pelo crivo do governo. O que implica em alto grau de comprometimento da empresa e ampla estrutura jurídica e contábil para atender a essas exigências constantes.

Cultura Corporativa: Mais uma vez, destaca-se a importância da Cultura Corporativa A empresa que chega nesse estágio operacional, não pode mais apenas olhar para si própria. Num compromisso com o mercado, seus acionistas e investidores, precisa estar pronta a dar satisfação sobre todos os movimentos da corporação. Afinal esse é o compromisso que se assume, depois de ir a mercado.

Assim, visto em breves linhas, fica nítido que existe todo um caminho a ser trilhado para se atingir e manter o nível de excelência. Algumas empresas já entram direto no Novo Mercado, outras vão passando por etapas anteriores do Nível 1 e 2. Seja como for, há um batalhão de desafios e obstáculos a serem enfrentados para se estabelecer. Acionistas, Investidores, Controladores, Procuradores, todos torcem pela sucesso da empresa. Mas como preceitua a Lei Naturalista, na Seleção Natural, vale dizer que também no Novo Mercado, as corporações fortes tendem a sobreviver e se estabelecer, a despeito de qualquer adversidade.

10

Junk Bonds

EM ÉPOCAS EM QUE são elaboradas diversas teorias sobre a crise de créditos imobiliários *sub-prime*, vale fazer uma analogia geral aos papéis de alto risco e retorno, tipo *junk bonds*. Como é notório, o problema da crise no mercado imobiliário norte-americano, parece ser um excessivo crédito imobiliário. Em que castelos de areia estão se desfazendo, por excessivo risco assumido. Mas é bom frisar, que decorrente de crédito exagerado, concedido sem critérios muito confiáveis, devido à busca de altas taxas de retorno, como se vê. Mas por outro lado, a concessão de créditos do gênero, assim como a circulação de *junk bonds*, pode ser sinal de economia aquecida e em estágio avançado em alguns casos, ou não ?

Os *junk bonds*, assim classificados como os papéis categoria BBB pra menos, ficaram muito conhecidos na década de 80. Muito utilizados para alavancar compra e venda de empresas, em operações arriscadas de *leveraged buyout*. O nome deve-se ao fato de não serem papéis relacionados a empresas de primeira linha, *blue chips*. Ao contrário os *junk bonds* referem-se a papéis arriscados, muitas vezes emitidos por empresas desconhecidas. Também devido a isso, não foi outro o desfecho deste ciclo. Já que empresas desse perfil, acabavam por gerar fluxo de caixa incompatível com as obrigações assumidas. Parece que não, mas assim como os papéis *sub-prime*, os *junk bonds* costumam ser muito procurados com economia bastante aquecida, e ambos caracterizam-se por risco elevado.

No livro "Salve-se quem puder – Uma História da Especulação Financeira", o autor Edward Chancellor, ilustra bastante esse tipo de situação. Cita vários exemplos históricos de euforias seguidas de alta especulação e depois quebras generalizadas. Um exemplo foi a bolha da internet. No começo, emissões de papéis dos mais variados tipos de empreendimentos de internet. IPO (Initial Public Offering) de todo jeito, mesmo sem muito fundamento. É verdade que muitos empreendedores e *investment bankers* ganharam muito com essas operações. Mas o que se viu depois, foi uma seqüência de quebras, de empresas que mal decolaram. Um quadro parecido se repetiu: economia aquecida, euforia excessiva, alta especulação com papéis de alto risco, e depois as quebras.

E assim vão os exemplos, que parecem repetir sua trajetória. O que parece ocorrer é que com a economia em alta, aumentam os investimentos. Nisso, procura-se cada vez mais ativos de retorno maior. Significando cair nas mãos de títulos de segunda linha, mais arriscados e com menos garantias. O problema é que como o próprio nome diz, são títulos de maior chance de quebras, que acabam se configurando todavia.

E por que no Brasil há certa dificuldade de compreender a crise *sub-prime* ? De certa forma, pois aqui sequer ocorreu uma maturidade do mercado de crédito imobiliário, tão como o de mercado de capitais. Afinal, até onde se tem notícia, a crise imobiliária não é assim geral nos EUA. Mas refere-se a um segmento apenas, de créditos concedidos de alto risco. Mas é claro, chegou-se a esse estágio de evolução, pois no padrão de risco médio, o mercado de crédito provavelmente já está repleto. Aí acontece a mesma história, busca-se opções com retorno maior, e é quando se inventam e se lançam títulos de maior risco.

Resumindo, o ciclo que parece se repetir é sempre parecido. A economia vai evoluindo, os mercados vão se aquecendo, começam a faltar alternativas de investimento, vem a euforia, lançam-se títulos de maior risco tipo *junk bonds, sub-primes*, etc. e na sequência as quebras. E isso sempre foi assim, parece fazer parte da dinâmica dos mercados.

Como referido, aqui em terras tupiniquins nem o mercado de *junk bonds* floresceu ainda, nem os de crédito imobiliário de alto risco. Mas fica o alerta, pois mesmo no momento atual o mercado de capitais nacional passa por um forte desenvolvimento. Mas em investimentos, a euforia é sempre suspeita, afinal todos almejam uma evolução efetiva e consistente. Que continue a gerar empregos, novas frentes e oportunidades de trabalho, que poderá proporcionar horizonte empresarial melhor a todos. A especulação faz parte, mas quando ela passa a ser protagonista do cenário, a crise vira pano de fundo.

11

Insider Trading, informações privilegiadas

É SEMPRE A MESMA história: com as altas das bolsas, ocorrem as operações de fusões e aquisições, quando então ocorre forte oscilação dos papéis da empresa compradora e da vendedora. Assim também é tradicional, a circulação prévia, e irregular de informações privilegiadas dando notícia da respectiva operação. Quando então ocorre a especulação em cima dos papéis dessas empresas, com ganhos certeiros e em situação de desvantagem em relação a outros investidores. O insider trading é dessa forma um crime que ocorre no mercado financeiro, quando alguns investidores compram e vendem ações de empresas, com base em informações privilegiadas.

No conhecido livro "Covil de Ladrões" - Den of Thieves, de James Stewart, retrata-se um ícone yuppie (young upward professional) da década de 80, que ganhou milhões com operações do gênero. No caso, através de uma trinca composta por um operador, um advogado e um auditor, utilizava-se de uma série de informações sigilosas para se comprar e vender ações, de antemão na Bolsa dos EUA, antecipando tendências. Não deu outra, e na terra do Tio Sam, muito embora por pouco tempo, passaram algum tempo atrás das grades, a despeito de acumularem altos valores.

Aqui no país, é notável o avanço da polícia do mercado de capitais, a CVM (Comissão de Valores Mobiliários). Atualmente, em casos semelhantes, inquéritos são abertos para se apurar as irregularidades. Já com medidas bastante avançadas de bloqueio liminar de valores até, quando relacionados a possibilidade de operações de origem fraudulenta. Mesmo porque, fato é que o mercado de capitais nacional ainda possui proporcionalmente poucas empresas abertas, de forma que quando ocorre uma operação de M&A (merger and acquisitions) – Fusões e Aquisições, tornam-se spot e centro de atenção de toda mídia. Situação em que fica difícil escapar de comentários e análises posteriores, em torno da operação.

Vale lembrar também que, por aqui muitas vezes o enfoque ainda é concentrado no operador e no empresário ou executivo da empresa. Mas há dois protagonistas da história que precisam ser vistos com cuidado. É o caso do advogado e do auditor ou analista, que em virtude do exercício profissional, têm acesso a informações na fonte. O operador é a ponta final do crime e muitas vezes da informação, mas antes o circuito esquenta com outros agentes que contribuem de forma decisiva.

Mas as possibilidades de fraudes vão adiante, e existem diversos outros exemplos não especificamente relacionados a M&A Assim é por exemplo o caso de empregado de empresa, que na condição de insider natural, sabe de nova patente de produto, ou sabe de novo campo de exploração de petróleo ou minério encontrado. São casos também de informações privilegiadas e que se utilizadas podem conferir ganhos associados ao fato, na Bolsa de Valores. Isso sem comentar que muitas vezes, não só no âmbito empresarial, mas político até, muitos dos ganhos se configuram sempre devido a um acesso a informações quentes, um passo antes do mercado saber. Afinal, se uma mudança de política econômica destrói ou favorece empresas do noite pro dia, que diria da velocidade de mudanças cambiais.

Assim como outrora, a prática do insider trading se configura de um jeito ou de outro, mas que o cerco está se fechando, isso é inegável. Felizmente, graças também à revolução tecnológica, está mais fácil garimpar as informações sobre as companhias, descobrir dados e relatórios empresariais, democratizando o acesso de dados, com baixo custo. Inclusive com acesso plural a cotações online que também podem mostrar sinais de irregularidades. Não obstante, hoje por exemplo, no site da CVM é possível saber de inquéritos sendo julgados, além de extensa informação sobre participantes do mercado. Os tempos mudam, as práticas irregulares são repetidas, mas com tantas regras, disclosure, amadurecimento do mercado de capitais e milhares de investidores atentos a todos os passos, está cada vez mais difícil repetir os feitos de alguns yuppies e insiders, de se alavancar assim. As facilidades tecnológicas criam uma via de mão dupla, pois se por um lado correm os boatos, por outro lado as informações de irregularidades correm rápido também.

12

Debêntures Conversíveis

COM O TEMPO, A tendência é a diversificação de investimentos. Opções de investimento, como a modalidade mezzanino, tendem a estar cada vez mais, dentre as estratégias de empresas e investidores. O investimento mezzanino é muito realizado por meio de emissão de debêntures conversíveis. Em que por meio de um título híbrido, com parte renda fixa e renda variável, tendem a oferecer um investimento diferenciado no mercado. Por suas características peculiares, é um título em que a parte renda fixa remunera abaixo do usual, entretanto é um papel bastante adequado para diversas situações específicas. Principalmente quando se está a meio caminho entre financiar a empresa ou ser acionista e sócio dela.

Esse papel híbrido pode ser muito útil para casos em que há interesse em investir numa empresa, mas em contrapartida o plano de ser acionista seja relativo ainda. Pois a debênture simples, é um título de renda fixa, remunerado de forma pré ou pós-fixada, com diversos tipos de garantias possíveis, das mais líquidas até as mais concretas. A ação por outro lado flutua de acordo com a volatilidade da economia e do mercado financeiro, podendo apresentar ampla instabilidade.

Ocorre que em muitas situações, as ações podem não decolar na Bolsa de Valores, podendo até desvalorizar acentuadamente. Caso em que, se o investidor tivesse optado por uma renda fixa, um mínimo estaria de certa forma garantido. Por outro lado, há quadros em que muito embora cercado de ceticismo, há boas chances e esperanças da ação subir na Bolsa. Mas por outro lado, a segurança da renda fixa pode pesar muito mais. É justamente nessa situação, meio-termo que se encaixa a debênture conversível. Pois de forma resumida, se a ação da empresa se valorizar na Bolsa de Valores, provavelmente vai valer a pena utilizar a faculdade da conversão e trocar o valor da debênture por ações. Mas caso hipoteticamente, a cotação da ação afunde por um revés qualquer, a parte renda fixa já estaria com um mínimo garantido.

O funcionamento em geral é da seguinte forma: a debênture, como título de renda fixa, possui um valor que é reajustado periodicamente, pré ou pós-fixado. O eixo é o mecanismo da conversibilidade da debênture. Podendo ser representada por um valor fixo de conversão de cada debênture por x ações, por uma taxa de conversão de cada debênture por y ações ao preço z, ou por uma tabela progressiva de conversão. No primeiro caso, com um valor fixo de conversão, à medida que a cotação da ação sobe, torna-se mais vantajoso realizar a conversão. Já que isso equivale a comprar ações por preço menor. No segundo caso, convertendo-se a debênture por um valor mínimo e reajustado da ação, resultando em determinado número de ações. E no terceiro, de acordo com uma tabela de conversão progressiva que prevê a evolução da cotação da ação da empresa durante um período de 5 anos, por exemplo.

A utilização da debênture conversível é muito interessante. Financeiras e fundos private equity freqüentemente compram esse papéis. Isso porque muitas vezes, diante de uma empresa que precisa de capital, e busca ajuda no mercado de capitais, muitas vezes os investidores ficam reticentes, a despeito de toda solidez e credibilidade da empresa emissora. Mas por outro lado pode haver interesse na empresa, de acordo com recomendações técnicas de analistas. Pra não ficar de fora do negócio, a empresa viabiliza esse tipo de emissão, e por ser um papel híbrido, acaba por despertar maior interesse de investidores. Pois resumindo, se a ação da empresa não tiver boa performance, o lado renda fixa está garantido, mas se a cotação do papel subir, provavelmente será uma boa idéia realizar a conversão.

Isso sem deixar de lembrar que, o investidor fica numa boa situação, de poder escolher sempre. Pois poderá a qualquer momento entrar na empresa ou aumentar sua posição societária, ou ficar de fora dela, mas de olho nos resultados. Em muitos casos holdings de bancos, private equity e financeiras adotam essa estratégia. Emprestam e investem capital, e se a empresa evolui, entram de fato até no bloco controlador, visto o porte de captação dessas emissões uma vez convertidas em ações. Por outro lado, na pior das hipóteses, um rendimento via renda fixa estará sempre garantido. Não é à toa que muitos investidores procuram empresas que realizam essas operações. Com certeza tendo espaço próprio, na forte evolução atual do Mercado de Capitais no Brasil.

Glossário

Acordo de Acionistas: Documento gerenciador de relações entre acionistas, na respectiva empresa.
ADR: American Depositary Receipt
BDR: Brazilian Depositary Receipt
Bookbuilding: Processo de formação de preço na oferta pública de valores mobiliários, através de mecanismo de reserva de investimento.
Break-even: Ponto, marco operacional, quando e depois que certo objetivo é atingido
Caput: Parte principal de referido art. de lei ou regulamento
Commercial Paper: Título de crédito, aqui referido como Notas Promissória
Confort Letter: Documento declaratório que complementa contrato ao qual é interligado
Convertible Securities: Valores mobiliários conversíveis
CRI: Certificado de Recebíveis Imobiliários
CVM: Comissão de Valores Mobiliários, autarquia que policia o mercado de capitais no Brasil
Debênture: Valor mobiliário emitido por sociedade anônima, que apresenta rendimento como título de renda fixa.
Debênture Conversível: Valor mobiliário emitido por sociedade anônima, que apresenta rendimento parte como título de renda fixa, e parte como renda variável.
Default: Aqui referido como não cumprimento de obrigação, inadimplência, quebra contratual
DFP: Demonstrações Financeiras Padronizadas
Disclosure: Transparência de Informações
Due Diligence: Auditoria contábil, financeira e jurídica, aqui associados a Ofertas Públicas e M&A de empresas.
FED: Federal Reserve, Banco Central dos EUA

Flipping: Desfazimanto rápido de valores mobiliários, aqui referido logo após a operação de Oferta Pública.
Framework: Estrutura organizacional de trabalho
Fundos private equity: Fundos de investimento especializados em investir em papéis emitidos por empresas de setores variados
GDR: Global Depositary Receipt
Green Shoe: Lote suplementar de valores mobiliários a ser ofertado.
Guidelines: Linhas gerais
Holding: Sociedade que controla grupo de outras empresas e sociedades
IAN: Relatório de Informações Anuais
Insider Trading: Utilização de informações com acesso privilegiado
Investment Banking: Operações de investimento, de atacado
IPO – initial public offering: Operação de abertura de capital, em que a empresa emite valores mobiliários no mercado de capitais pela primeira vez.
ITR: Relatório de Informações Trimestrais
Joint-Ventures: Associações, parcerias de negócios
Junk Bonds: Valores mobiliários de alto risco e retorno
Lei de Falências ou Nova Lei de Falências: Lei 11.101 aprovada em 2005
Leveraged Buyout: Aquisições alavancadas de empresas
Market Maker: Formador de Mercado
Market share: Fatia de mercado que a empresa possui, abrangência e participação da empresa ou empreendimento no seu setor de atuação.
M&A – merger and acquisitions: Relativo a operações de Fusões e aquisições, compra e venda de empresas
Middle caps: Valores mobiliários de empresas de média porte, normalmente com razoável oscilação
Milestone: Marco de trabalhos operacional
NCC: Novo Código Civil
OPA: Oferta Pública de Ações
OPI: Oferta Pública Inicial
Pay-out: Distribuição de lucros pelo empreendimento, por meio de dividendos, por exemplo
Portfolio – Carteira variada de investimentos, podendo ser composta por papéis de diversas empresas
Project Finance: Complexos Projetos e obras que se utilizam de operações financeiras estruturadas
Securities: Valores mobiliários
SFI: Sistema Financeiro Imobiliário
Shelf-Registration: "Registro de Prateleira", relacionado a Programa de Distribuição de Valores Mobililários

Small-caps: Ações de empresas menores, com maior oscilação

SOX: Lei Sarbanes-Oxley de 2002

SPE– Special Purpose Company: Sociedade de Propósito Específico. Sociedade constituída para deteminado fim, que faz parte de alguma estrutura societária.

Start-ups: Empresas que estão iniciando atividades do zero.

Stock options: Contrato de opção de compra e venda de ações.

Tailor-made: Assim como custom-made, faz alusão ao trabalho personalizado, específico para cada caso.

Takeover: Aqui referido como operação de compra e venda hostil da empresa, através de oferta agressiva que objetiva a tomada de controle societário da empresa-alvo

Teoria dos jogos: Teoria que aplica princípios de jogos, estendendo-as para outras situações, econômicas por exemplo.

Turnaround: Aqui referido como reviravolta empresarial, de reorganização de corporação que se encontra em processo de recuperação.

Valuation: Referido como avaliação financeira da empresa

Underwriter: Agentes que coordenam a subscrição de valores mobiliários em oferta pública.

Underwriting: Operação de subscrição de valores mobiliários, em oferta pública